FICHES détachables

3e

Objectif BREVET

W0318593

Histoire Géographie

Enseignement moral et civique

Richard Basnier
Professeur certifié d'Histoire et de Géographie

hachette ÉDUCATION

Pour réviser efficacement le Brevet !

Des fiches synthétiques et complètes

Des fiches pratiques à emporter partout

Des infos-clés et des remarques en encadrés

De nombreux mots définis dans le lexique

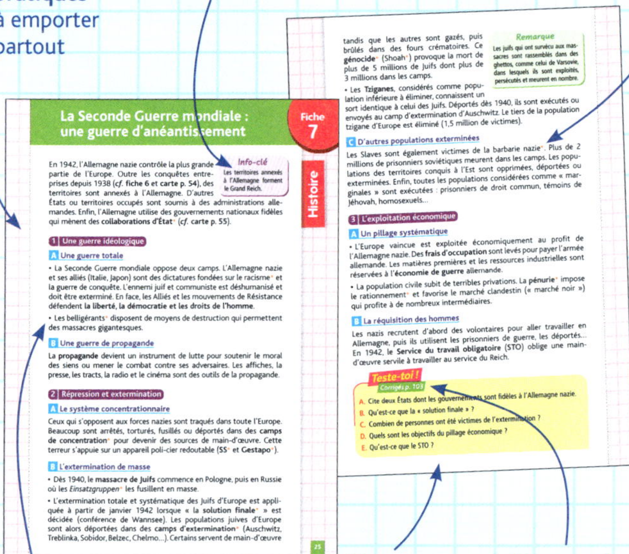

La Seconde Guerre mondiale : une guerre d'anéantissement

Fiche 7

Histoire

En 1942, l'Allemagne nazie contrôle la plus grande partie de l'Europe. Outre les conquêtes entreprises depuis 1938 (*cf.* **fiche 6 et carte p. 54**), des territoires sont annexés à l'Allemagne. D'autres États ou territoires occupés sont soumis à des administrations allemandes. Enfin, l'Allemagne utilise des gouvernements nationaux fidèles qui mènent des **collaborations d'État*** (*cf.* **carte p. 55**).

Info-clé
Les territoires annexés à l'Allemagne forment le Grand Reich.

1 Une guerre idéologique

A Une guerre totale

- La Seconde Guerre mondiale oppose deux camps. L'Allemagne nazie et ses alliés (Italie, Japon) sont des dictatures fondées sur le racisme* et la guerre de conquête. L'ennemi juif et communiste est déshumanisé et doit être exterminé. En face, les Alliés et les mouvements de Résistance défendent **la liberté, la démocratie et les droits de l'homme**.
- Les belligérants* disposent de moyens de destruction qui permettent des massacres gigantesques.

B Une guerre de propagande

La **propagande** devient un instrument de lutte pour soutenir le moral des siens ou mener le combat contre ses adversaires. Les affiches, la presse, les tracts, la radio et le cinéma sont des outils de la propagande.

2 Répression et extermination

A Le système concentrationnaire

Ceux qui s'opposent aux forces nazies sont traqués dans toute l'Europe. Beaucoup sont arrêtés, torturés, fusillés ou déportés dans des **camps de concentration*** pour devenir des sources de main-d'œuvre. Cette terreur s'appuie sur un appareil poli-cier redoutable (**SS*** et **Gestapo***).

B L'extermination de masse

- Dès 1940, le **massacre de Juifs** commence en Pologne, puis en Russie où les *Einsatzgruppen** les fusillent en masse.
- L'extermination totale et systématique des Juifs d'Europe est appliquée à partir de janvier 1942 lorsque « la **solution finale*** » est décidée (conférence de Wannsee). Les populations juives d'Europe sont alors déportées dans des **camps d'extermination*** (Auschwitz, Treblinka, Sobidor, Belzec, Chelmo...). Certains servent de main-d'œuvre

25

tandis que les autres sont gazés, puis brûlés dans des fours crématoires. Ce **génocide*** (Shoah*) provoque la mort de plus de 5 millions de Juifs dont plus de 3 millions dans les camps.

Remarque
Les juifs qui ont survécu aux massacres sont rassemblés dans des ghettos, comme celui de Varsovie, dans lesquels ils sont exploités, persécutés et meurent en nombre.

- Les **Tziganes**, considérés comme population inférieure à éliminer, connaissent un sort identique à celui des Juifs. Déportés dès 1940, ils sont exécutés ou envoyés au camp d'extermination d'Auschwitz. Le tiers de la population tzigane d'Europe est éliminé (1,5 million de victimes).

C D'autres populations exterminées

Les Slaves sont également victimes de la barbarie nazie*. Plus de 2 millions de prisonniers soviétiques meurent dans les camps. Les populations des territoires conquis à l'Est sont opprimées, déportées ou exterminées. Enfin, toutes les populations considérées comme « marginales » sont exécutées : prisonniers de droit commun, témoins de Jéhovah, homosexuels...

3 L'exploitation économique

A Un pillage systématique

- L'Europe vaincue est exploitée économiquement au profit de l'Allemagne nazie. Des **frais d'occupation** sont levés pour payer l'armée allemande. Les matières premières et les ressources industrielles sont réservées à l'**économie de guerre** allemande.
- La population civile subit de terribles privations. La **pénurie*** impose le rationnement* et favorise le marché clandestin (« marché noir ») qui profite à de nombreux intermédiaires.

B La réquisition des hommes

Les nazis recrutent d'abord des volontaires pour aller travailler en Allemagne, puis ils utilisent les prisonniers de guerre, les déportés... En 1942, le **Service du travail obligatoire** (STO) oblige une main-d'œuvre servile à travailler au service du Reich.

Teste-toi !
Corrigés p. 103

A. Cite deux États dont les gouvernements sont fidèles à l'Allemagne nazie.
B. Qu'est-ce que la « solution finale » ?
C. Combien de personnes ont été victimes de l'extermination ?
D. Quels sont les objectifs du pillage économique ?
E. Qu'est-ce que le STO ?

Un test pour s'évaluer

Un renvoi au corrigé du test

Un plan simple à mémoriser

Auteur du dépliant
Richard Basnier
Édition
N. Dauchart

Conception graphique
Couverture : Stéphanie Benoit
Intérieur : Stéphanie Benoit
Réalisation
Mise en pages : Mediamax

www.parascolaire.hachette-education.com
ISBN : 978-2-01-726936-6

Achevé d'imprimer en décembre 2024 en France par Chirat - N° 202411.0174
Dépôt légal : Janvier 2025 - Edition 01

Sommaire

HISTOIRE

GÉOGRAPHIE

Dynamiques territoriales de la France contemporaine

Pourquoi et comment aménager le territoire ?

La France et l'Union européenne

Cartes de géographie *(La couleur renvoie au thème correspondant.)*

ENSEIGNEMENT MORAL ET CIVIQUE

La sensibilité : soi et les autres

Le droit et la règle : des principes pour vivre avec les autres

Le jugement : penser par soi-même et avec les autres

L'engagement : agir individuellement et collectivement

Tous nos conseils pour réussir ton année de 3e

1 | Les enjeux de l'année de 3e

1. Le diplôme du Brevet (DNB)

À la fin de l'année de 3e, tu vas passer le Brevet qui atteste d'une maîtrise des notions et méthodes étudiées au collège.

2. Te préparer au lycée

Durant cette dernière année du collège, tu dois réunir les connaissances et les méthodes qui seront nécessaires au lycée (général ou professionnel). Au lycée, les professeurs attendront de toi davantage d'autonomie qu'au collège. Certes, ils te donneront des conseils et répondront à tes questions, mais tu devras savoir t'organiser seul(e).

3. Préparer la suite de ton parcours

Après la classe de 3e, les parcours scolaires se diversifient : voie professionnelle, voie générale. Et à l'intérieur de chacune de ces voies, les possibilités sont nombreuses : différentes sections du bac professionnel, séries du bac technologique, spécialités du bac général. Ton année de 3e te permet de **définir un projet pour l'avenir et de trouver le parcours idéal** pour entreprendre des études menant à un métier dans lequel tu t'épanouiras.

2 | Les fournitures scolaires incontournables

• Pour être efficace dans ton travail, tu dois disposer d'un **matériel adapté.** En 3e, les professeurs te demandent de travailler **avec un cahier ou avec un classeur**. Suis leurs indications en début d'année et vérifie régulièrement tes cours. Fais comme si tu devais prendre des notes pour un camarade absent chaque jour : tes cours sont-ils complets ? sont-ils lisibles ?

• Au lycée, les professeurs laissent libres de choisir le support sur lequel tu préfères écrire. Profite de ton année de 3e **pour trouver ce qui convient le mieux à ta manière d'apprendre.** Le classeur présente l'avantage de pouvoir déplacer ou ajouter des feuilles, mais si tu n'es pas ordonné(e), tu vas très vite oublier de ranger les cours que tu as sortis et les perdre. Dans ce cas-là, choisis plutôt d'utiliser des cahiers (un pour le cours et un pour les exercices).

• Privilégie le **grand format,** pour un confort de lecture lors de tes révisions, et utilise le petit format ou **des fiches pour préparer des résumés** que tu reliras avant le Brevet.

3 | Bien apprendre et bien s'organiser

Pour réussir en 3ᵉ et ensuite au lycée, tu dois travailler de façon **efficace**, c'est-à-dire très **régulièrement**. Sois conscient(e) de tes qualités et tes faiblesses. Tire parti des premières et efforce-toi de réduire les secondes.
La première chose à faire est d'identifier à quel moment et de quelle manière tu apprends le mieux : le matin, le soir ? as-tu une mémoire visuelle, auditive, etc. ? est-ce plus facile de travailler seul(e), à deux ?
Travaille systématiquement dans un endroit calme sans distraction : pense par exemple à mettre ton téléphone en mode silencieux.

1. En classe

- ✓ Sois attentif/attentive et participe, même si tu n'as pas la bonne réponse. Tu mémoriseras mieux et plus rapidement les cours, car tu auras déjà eu un contact actif avec le sujet étudié.
- ✓ N'hésite pas à poser des questions si tu n'as pas compris une information.

2. Chaque soir

- ✓ Relis les cours du jour pour poursuivre la mémorisation.
- ✓ Pour progresser, refais les exercices qui t'ont posé problème.
- ✓ Après avoir relu le cours de ton professeur, consulte les fiches de cet ouvrage. N'hésite pas à surligner les informations qui te paraissent importantes ou que tu as du mal à mémoriser.

3. De manière régulière

- ✓ Prépare des fiches de synthèse à la fin de chaque chapitre du cours : elles te seront utiles pour préparer les évaluations et réviser le Brevet.
- ✓ Pour les travaux donnés à l'avance (lecture, exposé, rapport de stage...), mets un rappel sur ton agenda et commence-les au plus tôt, de façon à évaluer la quantité de travail demandé et à ne pas tout faire à la dernière minute.
- ✓ Pour progresser, refais les évaluations que tu n'as pas réussies.

4. Pour préparer le Brevet

- ✓ N'attends surtout pas la dernière minute pour réviser : revois régulièrement tes cours, tes exercices et tes évaluations.
- ✓ Revois les méthodes et les notions en t'aidant des fiches de cet ouvrage.
- ✓ Entraîne-toi avec de vrais sujets d'annales tombés les années précédentes.

L'organisation du Brevet

1 | Le Diplôme national du Brevet (DNB)

Deux types de candidats peuvent se présenter au Brevet :
– les « scolaires » (élèves de 3e inscrits dans un collège public ou sous contrat) ;
– les « individuels » (élèves de 3e inscrits dans des établissements hors contrat et candidats libres).

Le diplôme national du Brevet (DNB) s'obtient en ajoutant deux types de résultats :
- les **résultats acquis en cours de scolarité** qui déterminent ton niveau de maîtrise du socle commun de connaissances, de compétences et de culture, évalué pour chacune de ses composantes par tes professeurs ; ce niveau est converti en points sur un total maximum de **400 points** ;
- les **notes obtenues aux cinq épreuves terminales de l'examen du DNB**, sur un total maximum de **400 points**.

L'examen terminal en fin de classe de 3e comporte cinq épreuves obligatoires :
– une **épreuve écrite** qui porte sur le programme de **français** (100 points) ;
– une **épreuve écrite** qui porte sur le programme de **mathématiques** (100 points) ;
– une **épreuve écrite** qui porte sur le programme d'**histoire, géographie et enseignement moral et civique** (50 points, voir le détail de cette épreuve ci-dessous) ;
– une **épreuve écrite** qui porte sur le programme de **physique-chimie, sciences de la vie et de la Terre et technologie** (50 points) ;
– une **épreuve orale** de 15 minutes portant sur les EPI, enseignements pratiques interdisciplinaires (100 points).

- **L'ensemble de ces 5 épreuves est noté sur 400 points.**

2 | L'épreuve d'histoire, géographie et EMC

L'épreuve porte sur le programme de 3e en histoire-géographie, et sur tout le programme de cycle 4 en EMC. Elle te permet de mettre en œuvre les compétences attendues en fin de cycle 4.
Elle s'appuie sur des **documents**, remis avec le **sujet**, relevant du programme d'histoire, de géographie et de l'enseignement moral et civique. Certaines questions (ou toutes) portent sur une **thématique commune** avec l'épreuve de français.
En relation avec les compétences du socle commun et les programmes, l'épreuve est construite afin d'évaluer ton aptitude :
– à maîtriser des connaissances fondamentales, prévues par les programmes d'histoire, de géographie et d'enseignement moral et civique et à mobiliser des repères spatiaux ou temporels ;

– à analyser et comprendre des documents en utilisant les raisonnements et les méthodes en usage pour ces disciplines ;
– à pratiquer différents langages (textuel, iconographique, cartographique, graphique) pour raisonner, argumenter et communiquer ;
– à répondre aux questions posées ou aux consignes ;
– à rédiger un développement construit en réponse à une des questions d'histoire ou de géographie ;
– à mobiliser des compétences relevant de l'enseignement moral et civique pour exercer ton jugement à partir d'une question.

Exercice 1. Analyser et comprendre des documents (20 points)

L'exercice porte sur **un à deux documents** d'**histoire** ou de **géographie**. Il s'agit d'évaluer ta capacité à analyser et comprendre des documents en utilisant les raisonnements, les méthodes et les connaissances prévues par le programme. L'analyse des documents est guidée par des **questions**, **consignes** et **exercices**.

Exercice 2. Maîtriser différents langages pour raisonner et utiliser des repères historiques ou géographiques (20 points)

Une **question** d'**histoire** ou de **géographie** est posée. Tu dois rédiger un **développement** construit d'une **vingtaine de lignes**, sous la forme d'un texte structuré. Cet exercice permet d'évaluer ta maîtrise des repères (dates, personnages, lieux) et des notions du programme de 3e.
Éventuellement, un exercice peut être proposé : réalisation d'un croquis, d'un schéma, d'une frise chronologique.

Exercice 3. Mobiliser des compétences relevant de l'enseignement moral et civique (10 points)

Une **problématique d'enseignement moral et civique** est posée à partir d'une situation pratique. Tu répondras à une ou plusieurs questions qui, **éventuellement**, s'appuient sur un ou deux documents.

CE QU'IL FAUT RETENIR

Nature de l'épreuve : **épreuve écrite.**
- **Exercice 1** : analyser et comprendre des documents (histoire ou géographie).
- **Exercice 2** : rédiger un court développement construit (histoire ou géographie).
- **Exercice 3** : mobiliser des compétences relevant de l'EMC.

Durée : **2 heures.**

Barème : **50 points.**
- **Exercice 1** : 20 points.
- **Exercice 2** : 20 points.
- **Exercice 3** : 10 points.

Conseils pour l'épreuve

1 | Les apprentissages

1. Apprendre le cours

Le diplôme national du Brevet est un examen. Il nécessite de ta part une mémorisation de savoirs et de méthodes. C'est pourquoi tu dois travailler régulièrement.

2. S'exercer

Les contrôles ou les exercices proposés dans le manuel et par le professeur sont autant d'évaluations pour te faire progresser au cours de l'année scolaire. Il faut les faire avec le plus d'application possible. Les corrections ne doivent pas être négligées, car elles te permettront de comprendre tes erreurs ou tes lacunes.

2 | Le jour de l'examen

1. Avoir son matériel

• Les copies et feuilles de brouillon sont fournies le jour de l'examen.

• Tu dois apporter le **nécessaire pour pouvoir travailler seul** : deux stylos de couleurs ou un stylo-plume avec une recharge d'encre, un crayon à papier, une règle, une gomme, quelques crayons de couleurs afin de réaliser des schémas (les couleurs primaires suffisent), et éventuellement, un effaceur.

• N'oublie pas d'apporter ta **convocation à l'examen** ainsi que ta **pièce d'identité**.

• Enfin, une **montre** est indispensable pour bien gérer ton temps.

2. Bien maîtriser son temps

• L'heure de l'épreuve doit être bien utilisée. Lis d'abord l'ensemble des documents et des questions calmement. Ce temps (cinq minutes maximum) est important pour te permettre de te concentrer et de comprendre les sujets proposés.

• Commence l'épreuve par les exercices de repérages chronologiques et spatiaux, ou les questions qui te semblent « faciles ». Ces questions font appel à la mémoire encore vive en début d'épreuve. Consacres-y une dizaine de minutes maximum.

• Commence par indiquer ton nom, prénom et numéro d'inscription sur l'en-tête de la copie.

• L'étude de document et le développement construit sont les parties à privilégier et à traiter avec le plus grand soin. Lis bien le document proposé et réponds aux questions correspondantes après les avoir lues avec attention. On peut envisager de travailler 15 minutes pour la partie histoire, 15 minutes pour la géographie et 10 minutes pour celle d'éducation civique.

• **Pense à prendre environ 5 minutes pour une relecture**. Ce temps doit être utilisé pour relire ton travail et vérifier l'orthographe.

3. Présenter et rédiger le plus correctement possible

Des points sont attribués à la maîtrise de la langue. **Une copie bien présentée, avec un minimum de fautes d'orthographe et écrite dans une langue correcte est un atout pour le candidat**. Lorsque tu commences à rédiger, indique bien la partie traitée. Souligne le sujet.

• **La copie doit être aérée.** Tu dois donc sauter des lignes à chaque réponse de question (1 ligne) et entre les parties de l'épreuve (3 lignes).

• **Tu dois écrire le plus lisiblement possible**, afin d'être bien lu par le correcteur. Utilise ta règle pour souligner et les crayons de couleurs pour les exercices de repérages ou de cartographie.

• **Utilise un brouillon** pour indiquer les idées importantes et écrire quelques réponses plus difficiles, mais la rédaction doit se faire directement sur la copie.

• **Rédige dans une langue simple**, en faisant des phrases courtes et claires. Utilise le présent de l'indicatif (éliminez le futur). N'utilise pas d'abréviations.

• **N'oublie pas les règles de base de la rédaction** : mettre la ponctuation, les majuscules aux noms propres et après les points.

Histoire

Repères chronologiques

Au cours de l'épreuve d'histoire-géographie-EMC du Brevet, il te sera demandé de répondre à des questions sur les repères chronologiques inscrits au programme d'histoire.

Voici la liste de ces repères (les repères étudiés à l'école primaire figurent en italique) :

Dates	Repères
IIIᵉ millénaire av. J.-C.	Les premières civilisations
VIIIᵉ siècle av. J.-C.	Homère, fondation de Rome, début de l'écriture de la Bible
Vᵉ siècle av. J.-C.	Périclès
52 av. J.-C.	*Jules César et Vercingétorix, Alésia*
Iᵉʳ siècle	Début du christianisme
Iᵉʳ et IIᵉ siècles	« Paix romaine »
622	L'Hégire
800	*Le couronnement de Charlemagne*
Xᵉ-XIIᵉ siècles	L'âge des églises romanes
1096-1099	Première croisade
XIIᵉ-XVᵉ siècles	L'âge des églises gothiques
1492	*Premier voyage de Christophe Colomb*
XVᵉ-XVIᵉ siècles	La Renaissance
1598	*L'Édit de Nantes*
1661-1715	*Louis XIV, Versailles*
Milieu du XVIIIᵉ siècle	L'Encyclopédie
1789-1799	*La Révolution française : 14 juillet 1789 : prise de la Bastille ; août 1789 : Déclaration des droits de l'homme et du citoyen ; septembre 1792 : proclamation de la République*
1799-1815	*Le Consulat et l'Empire ; 1804 : Napoléon Iᵉʳ empereur des Français*
1815	Le congrès de Vienne
1815-1848	Monarchie constitutionnelle en France
1848-1852	La Seconde République, 1848 : *établissement du suffrage universel masculin*, abolition de l'esclavage
1852-1870	Le Second Empire (Napoléon III)
1870-1940	La Troisième République
1882	*Jules Ferry et l'école gratuite, laïque et obligatoire*
1894-1906	Affaire Dreyfus
1905	*Loi de séparation des Églises et de l'État*
1914-1918	La Première Guerre mondiale ; *1916 : Verdun ; 11 novembre 1918 : Armistice de la Grande Guerre*
1917	La Révolution russe
1924-1953	Staline au pouvoir
1933-1945	Hitler au pouvoir
1936	Victoire électorale et lois sociales du Front populaire
1939-1945	La Seconde Guerre mondiale, 8 mai 1945 : *fin de la Seconde Guerre mondiale en Europe ; août 1945 : Hiroshima et Nagasaki*
18 juin 1940	*Appel du général de Gaulle*
1940-1944	Le régime de Vichy
1944-1945	Libération de la France, rétablissement de la République (la IVᵉ), droit de vote des femmes, sécurité sociale
1961-1989	Le Mur de Berlin
1947-1962	Principale phase de la décolonisation
1957	Les traités de Rome
1958-1969	Les années De Gaulle ; 1958 : *fondation de la Vᵉ République*
1981-1995	Les années Mitterrand
1992	Le traité de Maastricht
1995-2007	Les années Chirac
2002	*L'euro, monnaie européenne*
2007-2012	Présidence de Nicolas Sarkozy
2012-2017	Présidence de François Hollande
Depuis 2017	Présidence d'Emmanuel Macron

Civils et militaires dans la Première Guerre mondiale

1 Les causes de la Première Guerre mondiale

Les causes de la Première Guerre mondiale sont multiples : rivalités économiques entre puissances européennes, revendications territoriales (entre la France et l'Allemagne, l'Italie et l'Autriche-Hongrie)... Les **nationalismes*** européens agitent aussi l'ensemble des peuples d'Europe. Mais le détonateur immédiat du conflit est l'assassinat du prince héritier d'Autriche-Hongrie, l'archiduc François-Ferdinand, et de sa femme, à Sarajevo en Bosnie, le 28 juin 1914. L'engrenage des alliances militaires conduit à la guerre : la **Triple Alliance** ou Triplice (Empires allemand, austro-hongrois et Italie qui reste neutre en 1914) s'oppose à la **Triple Entente**. En août 1914, les principaux pays européens mobilisent leurs troupes.

Info-clé

La Triple Entente est composée de la France, du Royaume-Uni et de la Russie.

2 La guerre de mouvement (1914-1915)

• Lorsque la guerre se déclenche, tous les gouvernements pensent qu'elle sera de courte durée (***cf.*** **carte p. 50**). En août 1914, les troupes allemandes déferlent sur le Nord de la France jusqu'à 25 km de Paris. Le général Joffre, chef des armées françaises, parvient à faire reculer l'armée allemande après 8 jours de contre-offensive (**bataille de la Marne**, septembre 1914). Les deux armées s'affrontent et parviennent à une stabilisation du front Ouest de la mer du Nord à la frontière suisse.

• Sur le front Est, l'armée russe envahit la Prusse orientale mais est stoppée à Tannenberg (août) par les généraux allemands Ludendorff et Hindenburg. Fin 1914, le front de l'Est se stabilise également.

3 La guerre de position ou de tranchées (1915-1917)

A Une guerre totale

• Les belligérants* restent alors sur une position défensive : chacun s'enterre dans des **tranchées** pour se protéger de l'ennemi.

• Un nouveau type de guerre commence avec des armes de plus en plus meurtrières : canons, mitrailleuses, gaz asphyxiants, avions et chars de combat. Les États mobilisent leurs matières premières, leur main-d'œuvre (femmes, enfants, travailleurs des colonies) dans les usines et les champs. C'est une guerre totale.

B Une guerre d'usure

Dans les tranchées, les soldats subissent le froid, la boue, les ravitaillements difficiles et les bombardements. Les attaques contre les lignes ennemies défendues par des réseaux de barbelés et les tirs entraînent de très **lourdes pertes** pour de faibles gains de terrain (ex. : 1re bataille de Champagne, décembre 1914 à mars 1915 ; bataille de l'Artois, automne 1915 ; bataille de Verdun, février à décembre 1916).

4 | Une guerre longue

A 1917 : le tournant de la guerre

• Face aux échecs militaires et à l'usure morale des soldats, les **contestations** se font de plus en plus vives. Les armées connaissent des mouvements d'indiscipline. À l'arrière, les **pénuries*** engendrent des **grèves**. Les gouvernements d'Union nationale* sont gagnés par un retour des idées pacifistes*. En réaction, des hommes à forte personnalité (Clémenceau en France, Lloyd George en Grande-Bretagne) prennent la tête de gouvernements et prônent la guerre à outrance.

Exemple-clé

Des mutineries et des désertions ont lieu dès 1917.

• L'Empire russe connaît, en quelques mois, deux révolutions et la prise du pouvoir par les **bolcheviks*** (octobre 1917 – *cf.* **fiche 3**). Ceux-ci décident d'interrompre les combats avec l'Allemagne et signent un traité de paix séparée en mars 1918. À l'Ouest, l'Entente entreprend un blocus pour asphyxier économiquement la Triple Alliance. L'Allemagne réplique par une guerre sous-marine totale qui engendre l'entrée en guerre des États-Unis (avril 1917).

B La fin de la guerre

Avant l'arrivée des troupes américaines, Ludendorff, chef d'état-major allemand, reprend une guerre de mouvement. Une série d'offensives est menée en Picardie, dans les Flandres et en Champagne. Les armées de l'Entente, sous le commandement unifié du maréchal Foch, soutenues par l'armée américaine, lancent une contre-offensive et font reculer l'armée allemande à partir d'août 1918. Les Alliés de l'Allemagne (Bulgarie, Turquie et Autriche-Hongrie) reculent également et capitulent. L'Allemagne isolée et confrontée à une situation intérieure difficile (**abdication** de l'empereur Guillaume II le 9 novembre 1918), demande un **armistice***, signé le 11 novembre 1918 à Rethondes, près de Compiègne.

Teste-toi !

Corrigés p. 103

A. Quel est l'événement déclencheur de la Première Guerre mondiale ?

B. Qu'appelle-t-on la « Triplice », ou « Triple Alliance » ?

C. Combien de phases militaires distingue-t-on durant la guerre ?

D. Pourquoi l'année 1917 est-elle un tournant de la guerre ?

E. À quelle date l'Allemagne signe-t-elle l'armistice mettant fin aux combats ?

Bilan et conséquences de la Première Guerre mondiale

1 | Une Europe meurtrie

A Des pertes humaines considérables

• Jamais une guerre n'avait été aussi meurtrière : plus de 10 millions de morts, 6 millions d'invalides parmi lesquels certains sont défigurés à vie (les « gueules cassées »), des millions de veuves et d'orphelins.

• À ces pertes militaires s'ajoutent les décès civils dus aux opérations militaires, aux maladies comme la grippe « espagnole » (1918), ou encore les populations civiles massacrées, comme les **Arméniens** accusés de traîtrise et déportés ou assassinés par le gouvernement ottoman entre 1915 et 1917. C'est le premier **génocide*** du XXe siècle.

• La guerre a décimé la jeunesse. Les belligérants* ont connu un déficit des naissances pendant la durée du conflit. Cela crée des « classes creuses » visibles sur les **pyramides des âges***. Une Europe vieillissante sort du conflit. Enfin, un déséquilibre entre les hommes et les femmes est consécutif à la surmortalité masculine.

B Des territoires et une économie dévastés

• L'Europe est dévastée par la guerre. Des régions entières ont été détruites : infrastructures industrielles, moyens de communication et terres agricoles réduits à néant. Tous les pays connaissent une baisse de leur production industrielle.

> **Info-clé**
> L'Europe a perdu 40 % de son potentiel industriel.

• L'Europe s'est endettée en finançant une **guerre coûteuse** et en souscrivant des emprunts auprès des États extérieurs. À la fin de la guerre, ses États doivent reconstruire des régions entières, aider les populations en difficulté, indemniser les victimes, convertir une économie de guerre en **économie de paix**, et reconquérir des marchés souvent perdus au profit des États-Unis.

C Une Europe affaiblie

C'est donc une Europe affaiblie, en déclin, qui sort de la guerre. L'Europe ne domine plus le monde comme en 1914. Elle doit faire face à de nouveaux concurrents comme le Japon, le Canada et surtout les États-Unis, nouvelle puissance et nouveaux **« banquiers » du monde**. Dans les colonies, l'image de la civilisation européenne est écornée et les liens avec les métropoles deviennent plus tendus. Le modèle européen est remis en question. Enfin, les esprits et les mentalités sont profondément marqués par le conflit.

2 | Une Europe redessinée

Les vainqueurs imposent leur vision du monde aux vaincus. Plusieurs traités de paix sont signés séparément avec chacun des vaincus. À la **conférence de la paix de Paris** (janvier à juin 1919), il s'agit de reconstruire l'Europe, mais la Russie et les États vaincus ne sont pas invités.

> **Remarque**
> En France, les combattants espèrent avoir vécu la dernière des dernières guerres (« la der des der »).

A L'Europe de Versailles

• L'Allemagne, jugée comme principale responsable du conflit, signe un **traité humiliant à Versailles**, en juin 1919 : son armement est strictement limité, le service militaire obligatoire supprimé, les rives du Rhin démilitarisées, l'armée réduite à 100 000 hommes, son territoire amputé, l'Alsace et le nord de la Lorraine restitués à la France, ses colonies lui sont retirées et elle doit surtout payer les dommages subis par les Alliés.

• D'autres traités signés en 1919-1920 démantèlent les quatre empires d'avant-guerre (allemand, austro-hongrois, ottoman et russe) et créent de nouveaux États (*cf.* **carte p. 51**).

B Une paix fragile et source de tensions

• En janvier 1918, la volonté du président américain Wilson, énoncée en « 14 points », devait fonder la paix future pour éviter les rancœurs des vaincus. Mais celle-ci n'est pas entièrement suivie.

• Une **Société des Nations** (SDN) est créée pour garantir la paix, mais elle dispose de peu de moyens et les États-Unis refusent d'y participer.

• Le droit des peuples à disposer d'eux-mêmes n'est qu'en partie appliqué, la carte politique de l'Europe centrale est bouleversée, des minorités nationales sont frustrées au cœur d'États-nations.

• Enfin, l'Italie, qui n'a pas obtenu de ses alliés le respect de leurs engagements, dénonce une victoire mutilée, tandis que l'Allemagne accuse le diktat versaillais (« chose imposée » en allemand).

Teste-toi !

Corrigés p. 103

A. Quel est le bilan humain de la Première Guerre mondiale ?

B. Pourquoi la Première Guerre mondiale se caractérise-t-elle par « une violence de masse » ?

C. Pourquoi les États-Unis sont-ils « les banquiers du monde » en 1918 ?

D. Pourquoi la paix est-elle considérée comme fragile et source de tensions ?

Le régime stalinien

Fiche 3

Histoire

1 | Le régime soviétique

A La mise en place du régime soviétique

• Pays rural et pauvre, la Russie est dirigée par un **tsar***, Nicolas II, qui règne de manière autoritaire. En 1914, le tsar engage son pays dans la guerre. Rapidement, les défaites et les problèmes de ravitaillement de l'arrière accentuent le mécontentement de la population. En février 1917, des manifestations se transforment en grèves. Le tsar envoie l'armée, mais celle-ci fraternise avec la foule qui obtient l'**abdication de Nicolas II**.

• Après **deux révolutions** (février et octobre 1917), **Lénine**, revenu d'exil, chef des bolcheviks et dirigeant le « Conseil des commissaires du peuple », met en place ses « thèses d'avril » (paix immédiate, terre aux paysans et pouvoir au Soviet*). Mais il impose rapidement une dictature. La Russie se fonde désormais sur la « **dictature du prolétariat** » et un parti unique, le parti communiste (PCUS).

• En 1922, les bolcheviks* créent un État fédéral, l'**URSS** (l'Union des Républiques socialistes soviétiques), composé de 11 Républiques.

Info-clé
Moscou devient la capitale de l'URSS en 1922.

B La succession de Lénine

La maladie puis la mort de Lénine en janvier 1924 ouvrent la lutte au sein du Parti bolchévique pour sa succession. **Staline**, nommé secrétaire général du PCUS* en avril 1922, s'impose en écartant son principal rival, **Trotski**, exclu du Parti en 1927 avant d'être exilé en 1929.

2 | La nouvelle Russie de Staline

A La construction du socialisme en URSS

• Seul à la tête du parti et chef de l'État, Staline décide d'instaurer le « socialisme dans un seul État ». En 1929, l'État reprend en main l'économie. Des **plans de 5 ans** fixent les objectifs de la production (planification de l'économie) tandis que l'État devient propriétaire de toutes les industries. La priorité est donnée à l'industrie lourde (production de charbon, d'électricité et d'acier).

• Les revenus de l'agriculture fournissent l'investissement nécessaire. À partir de 1929, les terres sont collectivisées de force, la propriété privée est supprimée, les paysans se regroupent en **kolkhozes***. Les paysans qui refusent et les anciens propriétaires terriens (koulaks) sont déportés ou massacrés. De nombreuses famines s'ensuivent.

Info-clé
La famine en Ukraine a fait 6 millions de victimes.

B Les transformations de l'URSS

Grâce à l'industrialisation* forcée, l'URSS devient en 1940 la 3e puissance industrielle mondiale. La société est transformée au prix d'une violence inouïe : l'**exode rural*** est massif, et une nouvelle classe de privilégiés proche du pouvoir se développe. Staline présente ces transformations comme la construction du socialisme.

3 | Le régime totalitaire de Staline

A Propagande et culte de la personnalité

• La population est soumise à une forte **propagande** qui exalte le régime et Staline.

• La propagande qui contrôle les moyens d'information encourage le **culte de la personnalité** du chef suprême. Celui que l'on surnomme « le Petit Père des peuples » est glorifié et vénéré. L'art exalte l'idéologie communiste et les réalisations du régime. Les sciences et l'enseignement doivent glorifier le régime.

B La terreur stalinienne

• Entre 1936 et 1938, le régime stalinien accentue la terreur. Par des procès politiques (**procès de Moscou**), il condamne à mort les anciens compagnons de Lénine. La police politique (Guépéou, puis NKVD*) organise des **purges*** au sein du Parti et de l'armée. La population est très surveillée, les « ennemis du socialisme » sont tués, emprisonnés ou envoyés dans des camps appelés « **goulags*** ». Les détenus sont contraints au travail forcé dans des conditions terribles. L'URSS est devenue un **État totalitaire***.

• La **Grande Terreur** (1937-1938) a pour objectif d'éliminer définitivement tous les ennemis supposés de la société socialiste en cours de construction. Entre 1936 et 1953 (mort de Staline), 15 millions de personnes sont arrêtées. Plusieurs millions d'entre elles sont tuées ou mortes de faim.

Teste-toi !
Corrigés p. 103

A. Quelles sont les causes de la première révolution de février 1917 ?
B. Pourquoi Lénine souhaite-t-il une seconde révolution ?
C. Comment Staline s'impose-t-il à la tête du pouvoir ?
D. Quelles sont les conséquences humaines de la collectivisation forcée ?
E. Quelles sont les caractéristiques du régime totalitaire stalinien ?

Le régime nazi

Fiche 4

Histoire

En novembre 1918, l'Allemagne est devenue une république. Ce régime est d'emblée combattu tant par l'extrême gauche que par l'extrême droite et l'armée. Seuls trois partis votent la Constitution rédigée par l'Assemblée réunie à Weimar.

1 L'arrivée au pouvoir des nazis

A Une république vite fragilisée par la crise

• Après des débuts difficiles liés à la fin de la Première Guerre mondiale (occupation de la Ruhr par l'armée française, augmentation faramineuse des prix), la République stabilise la situation économique. Mais l'Allemagne subit les conséquences de la **crise américaine de 1929** avec une augmentation du chômage.

> **Info-clé**
> L'Allemagne compte plus de 6 millions de sans-emploi.

• Les classes moyennes et populaires, principales victimes de la crise économique, se tournent vers les partis extrêmes : le Parti communiste et le **Parti nazi*** **(NSDAP)**. Rapidement, la crise économique devient une crise politique.

B L'ascension d'un homme

Adolf Hitler adhère, après la Première Guerre mondiale, à un minuscule parti antisémite* et nationaliste*. Il en devient le chef, le nomme Parti national-socialiste des travailleurs allemands (NSDAP) et le dote d'une force paramilitaire, les Sections d'assaut (SA). Après un **putsch manqué en 1923**, Hitler est emprisonné et rédige un ouvrage (*Mein Kampf*) dans lequel il livre sa vision du monde et définit son programme. Il se présente aux élections présidentielles de 1932 et obtient 37 % des voix. Devant l'inquiétude de la montée du communisme, le président Hindenburg le nomme **chancelier le 30 janvier 1933**.

2 Le nazisme

A Une dictature

• Chef d'un gouvernement dans lequel les nazis sont minoritaires, Hitler obtient d'Hindenburg la **dissolution du Parlement** (Reichstag). Durant la campagne électorale, les nazis sèment un climat de terreur et l'**incendie du Reichstag** le 27 février 1933 est le prétexte pour arrêter les communistes et suspendre les libertés fondamentales. Toutefois, le Parti nazi* n'obtient pas la majorité aux élections législatives. Après l'exclusion des communistes, le Parlement vote les pleins pouvoirs à Hitler pour une durée de 4 ans. Dès lors, il ne tolère plus aucune opposition : le Parti nazi devient **parti unique**, les syndicats sont remplacés par le Front du travail et les opposants envoyés dans les premiers camps de concentration*.

Exemple-clé

Dachau, premier camp de concentration dès 1934.

• Il fait aussi taire toute opposition au sein de son parti. Les principaux chefs SA* sont exécutés en juin 1934 lors de « la **Nuit des longs couteaux** ». En août, à la mort d'Hindenburg, Hitler cumule les pouvoirs de chancelier et de président de la République.

B Un État totalitaire, raciste et antisémite

• La doctrine d'Hitler repose sur un slogan : *Ein Volk, ein Reich, ein Führer* (Un seul peuple, un seul Empire, un seul chef). Elle repose sur le racisme* : la **race aryenne***, dont les Allemands sont les représentants les plus purs, doit être préservée des Juifs et des Tziganes. Cette race doit dominer l'Europe, puis le monde. À sa tête, un chef absolu, le **Reichsführer** contrôle l'État et la société. La Gestapo* (police secrète) d'Himmler surveille la population. Les SS* assassinent ou déportent les opposants.

• Les Allemands, embrigadés dès leur plus jeune âge dans des associations nazies, sont soumis à la propagande constante de **Goebbels** (presse, radio, cinéma). La culture est au service de l'État : les livres indésirables sont censurés ou brûlés lors d'autodafés*.

• Les **Juifs allemands** perdent le droit de vivre en société : les lois de Nuremberg en 1935 les privent de travail et de droits civiques*. Les persécutions physiques commencent en 1938 avec le pogrom* de « **la Nuit de cristal** ». La moitié d'entre eux fuient le pays.

C Une économie au service du nazisme

• Pour résoudre la crise économique, Hitler lance un programme de **grands travaux** (construction d'autoroutes) et de **réarmement** qui résorbent le chômage. Mais l'Allemagne vit en autarcie*.

• Dès 1936, la préparation à la guerre est la priorité. La puissance économique et la supériorité militaire doivent servir à constituer une « Grande Allemagne » et à lancer le pays à la conquête de « l'espace vital » dont les ressources lui font défaut.

Teste-toi !

Corrigés p. 103

A. Pourquoi la République de Weimar est-elle fragile ?

B. Comment Hitler parvient-il au pouvoir ?

C. Comment la société allemande est-elle encadrée ?

D. Que deviennent les opposants au régime ?

E. Pourquoi dit-on que le régime nazi est un régime « raciste et antisémite » ?

La République de l'Entre-deux-guerres

Fiche 5

Histoire

1 | Les lendemains de la victoire

A Une France marquée par la guerre

Info-clé
Le 11 novembre (armistice) devient une fête nationale à partir de 1922.

La France sort très affaiblie de la Première Guerre mondiale (*cf.* **fiche 2**). Pourtant, elle récupère l'Alsace et le nord de la Lorraine (Moselle) suite au **traité de Versailles** de juin 1919, et son empire colonial atteint son extension maximale. Par ailleurs, la victoire, après des années de combat, donne l'image d'une armée puissante.

B La IIIe République confortée

• L'adhésion des Français à la République et à ses valeurs est désormais assurée grâce à la victoire et au patriotisme développé durant le conflit.

• Aux élections législatives de novembre 1919, c'est le « bloc national » (partis de droite) qui sort vainqueur. Cette Chambre « bleu horizon », couleur des uniformes militaires des nombreux anciens combattants élus, dirige le pays jusqu'en 1924. Le **bloc national** mène une politique de fermeté face aux grèves et à l'émergence du communisme ainsi que d'apaisement religieux (non-application de la loi de 1905* en Alsace-Lorraine). Les Français savourent une période de prospérité (les « Années folles »).

• Les partis de gauche sont désunis. Au **congrès de Tours** en décembre 1920, la SFIO (Section française de l'Internationale ouvrière) se divise avec la création de la Section française de l'Internationale communiste, transformée en Parti communiste français (PCF) à partir de 1922.

C Une IIIe République instable

• Une nouvelle majorité est élue en 1924, issue de la gauche socialiste et radicale (le **Cartel des gauches**). Ce Cartel subit l'opposition des communistes et se divise sur des questions financières.

• En juillet 1926, **Raymond Poincaré** constitue un gouvernement d'« union nationale* » (1926-1928) qui stabilise les finances.

2 | Les crises des années 1930

A Une crise économique

La désorganisation financière et économique des États-Unis, suite au **krach* de 1929** à Wall Street, finit par toucher la France dont la croissance économique stagne déjà depuis 1927. Si la crise est limitée, à la différence de l'Allemagne et du Royaume-Uni, elle est aussi plus longue.

> **Remarque**
> Le nombre de chômeurs augmente et les revenus des paysans et des classes moyennes diminuent.

B Une crise politique

La IIIe République est déstabilisée par des scandales politico-financiers dont l'**affaire Stavisky** en 1934. Cette dernière révèle la montée de **groupes nationalistes*** et antiparlementaires comme l'Action française, les Croix de feu... Le 6 février 1934, une manifestation organisée par les ligues* et des associations d'anciens combattants tourne à l'émeute. La République est menacée. En juillet 1935, le PCF, la SFIO et les radicaux s'unissent contre la menace fasciste*. Le programme est articulé autour de trois revendications : « le pain, la paix, la liberté ». C'est la naissance du **Front populaire**.

3 | La démocratie sauvegardée

A Le Front populaire au pouvoir

Aux élections législatives de 1936, le Front populaire obtient la majorité. **Léon Blum**, chef de la SFIO, devient président du Conseil (chef du gouvernement). Il réunit patronat et syndicats pour trouver une solution à la crise sociale. Les **accords Matignon** signés en octobre 1937 prévoient une hausse des salaires, le renforcement du droit syndical... La Chambre des députés vote la semaine de 40 heures et les premiers 15 jours de congés payés.

B Les difficultés demeurent

Les réformes sociales n'interrompent pas la crise socio-économique. Mais surtout, le Front populaire se divise sur la question de l'intervention française auprès des républicains dans la **guerre d'Espagne** (1936-1939). Par ailleurs, le gouvernement est attaqué par les partis de droite, mais surtout l'extrême droite qui se déchaîne en utilisant des attaques antisémites*. En 1938, le Parti radical quitte le Front populaire. Léon Blum démissionne. Il est remplacé par le radical **Édouard Daladier**. Rapidement, celui-ci est confronté à la politique belliqueuse de l'Allemagne nazie (***cf.* fiche 6**).

Teste-toi !

Corrigés p. 103

A. À quels problèmes sont confrontés les gouvernements d'après-guerre ?
B. Que se passe-t-il le 6 février 1934 ?
C. Comment s'appelle l'union du PCF, de la SFIO et du Parti radical ?
D. Que sont les accords Matignon ?
E. À propos de quel événement l'union PCF, SFIO et Parti radical se divise-t-elle ?

La Seconde Guerre mondiale (1939-1945)

Fiche 6

Histoire

Dès 1938, Hitler décide par des annexions d'agrandir « l'espace vital » allemand (*cf.* **fiche 4**) : Anschluss* en Autriche, le 13 mars 1938 ; région des Sudètes, lâchée par les alliées de la Tchécoslovaquie (France, Grande-Bretagne) lors de la conférence de Munich (septembre 1938). Hitler signe le **pacte d'Acier** avec Mussolini (mai 1939) et un **pacte de non-agression** avec Staline (août 1939). L'Allemagne est prête à envahir la Pologne (*cf.* **carte p. 52**).

> **Remarque**
> Les Sudètes se trouvent au nord-est de la Tchécoslovaquie.

1 | Les victoires éclairs de l'Allemagne

A L'élimination de la Pologne et la drôle de guerre

• Le 1er septembre 1939, les troupes de la Wehrmacht* envahissent la **Pologne** et pratiquent une guerre éclair (*Blitzkrieg*). En 1 mois, la Pologne occidentale est sous le contrôle de l'armée allemande tandis que l'armée soviétique s'empare de la Pologne orientale, conformément aux clauses secrètes du pacte germano-soviétique.

• La Grande-Bretagne et la France choisissent une stratégie d'attente jusqu'au printemps 1940 (« **la drôle de guerre** »).

B L'écroulement de la France

• En mai 1940, l'armée allemande, après avoir envahi les Pays-Bas et la Belgique, entre en France par les Ardennes. De 7 à 8 millions de civils fuient les combats. Le gouvernement quitte Paris, puis Bordeaux. La défaite se transforme en **débâcle***.

• Paul Reynaud, président du Conseil, est contraint à la démission. Le **maréchal Pétain**, le héros de Verdun, apparaît comme le seul recours. Il forme un nouveau gouvernement et signe l'**armistice*** **le 22 juin 1940** à Rethondes.

C Le Royaume-Uni seul

L'Allemagne tente d'écraser le Royaume-Uni sous les bombardements. Mais cette bataille d'Angleterre (1er août 1940 au printemps 1941) est un échec. Hitler décide alors de mener un **blocus** pour isoler le Royaume-Uni et l'asphyxier économiquement.

D L'assaut contre l'URSS

Le 2 juin 1941, Hitler entre en guerre contre l'URSS (**plan Barbarossa**) en violant le pacte de non-agression germano-soviétique. En décembre 1941, l'armée allemande, proche de Moscou, est stoppée par une contre-offensive soviétique (*cf.* **carte p. 52**).

2 | 1942-1943 : la guerre bascule

A Une guerre mondiale

Le 7 décembre 1941, les Japonais attaquent la base américaine de **Pearl Harbor** dans les îles Hawaï. Les États-Unis entrent en guerre.

B Les tournants de la guerre

• Dès 1942, ils stoppent la progression japonaise.

• En Afrique du Nord, les Britanniques remportent à **El Alamein** (novembre 1942) une victoire décisive sur l'Afrika Korps. Puis les Américains, aidés des Britanniques, débarquent en Algérie et au Maroc. L'Allemagne réplique en occupant la zone Sud de la France, mais en mai 1943, elle est définitivement chassée d'Afrique du Nord.

• À Stalingrad, la 6ᵉ armée allemande doit capituler le 6 février 1943.

3 | La victoire des Alliés

A Les débarquements

En juillet 1943, les troupes anglo-américaines débarquent en Italie. Mussolini est renversé ; Rome est libérée en juin 1944. Deux autres **débarquements, en Normandie** et en Provence (juin et août 1945) libèrent progressivement la France (mars 1945).

B L'avancée soviétique

L'**Armée Rouge** libère le territoire soviétique durant l'été 1944, puis pénètre en Europe centrale et orientale avant de rejoindre les troupes anglo-américaines en avril 1945.

C Les capitulations

Les 7 et 8 mai 1945, **l'Allemagne capitule** sans conditions. Le président des États-Unis, Truman, décide d'utiliser la **bombe atomique** contre le Japon à Hiroshima et Nagasaki (6 et 9 août 1945). Le 2 septembre, le Japon signe la capitulation.

Info-clé

Dans Berlin assiégé, Hitler se suicide en avril 1945.

Teste-toi !

Corrigés p. 103

A. Comment s'appelle la stratégie pratiquée par l'armée allemande en 1939-1940 ?

B. Quel est le seul pays à tenir tête à l'Allemagne en 1940 ?

C. Pourquoi la guerre devient-elle mondiale en 1941 ?

D. Cite deux batailles qui marquent le tournant de la guerre.

E. Quelles sont les dates de capitulations allemande et japonaise qui marquent la fin de la guerre ?

La Seconde Guerre mondiale : une guerre d'anéantissement

Fiche 7

Histoire

Info-clé
Les territoires annexés à l'Allemagne forment le Grand Reich.

En 1942, l'Allemagne nazie contrôle la plus grande partie de l'Europe. Outre les conquêtes entreprises depuis 1938 (*cf.* **fiche 6** et **carte p. 54**), des territoires sont annexés à l'Allemagne. D'autres États ou territoires occupés sont soumis à des administrations allemandes. Enfin, l'Allemagne utilise des gouvernements nationaux fidèles qui mènent des **collaborations d'État*** (*cf.* **carte p. 55**).

1 | Une guerre idéologique

A Une guerre totale

• La Seconde Guerre mondiale oppose deux camps. L'Allemagne nazie et ses alliés (Italie, Japon) sont des dictatures fondées sur le racisme* et la guerre de conquête. L'ennemi juif et communiste est déshumanisé et doit être exterminé. En face, les Alliés et les mouvements de Résistance défendent **la liberté, la démocratie et les droits de l'homme**.

• Les belligérants* disposent de moyens de destruction qui permettent des massacres gigantesques.

B Une guerre de propagande

La **propagande** devient un instrument de lutte pour soutenir le moral des siens ou mener le combat contre ses adversaires. Les affiches, la presse, les tracts, la radio et le cinéma sont des outils de la propagande.

2 | Répression et extermination

A Le système concentrationnaire

Ceux qui s'opposent aux forces nazies sont traqués dans toute l'Europe. Beaucoup sont arrêtés, torturés, fusillés ou déportés dans des **camps de concentration*** pour devenir des sources de main-d'œuvre. Cette terreur s'appuie sur un appareil poli-cier redoutable (**SS*** et **Gestapo***).

B L'extermination de masse

• Dès 1940, le **massacre de Juifs** commence en Pologne, puis en Russie où les *Einsatzgruppen** les fusillent en masse.

• L'extermination totale et systématique des Juifs d'Europe est appliquée à partir de janvier 1942 lorsque « la **solution finale*** » est décidée (conférence de Wannsee). Les populations juives d'Europe sont alors déportées dans des **camps d'extermination*** (Auschwitz, Treblinka, Sobidor, Belzec, Chelmo…). Certains servent de main-d'œuvre tandis que les autres sont gazés, puis brûlés dans des fours crématoires. Ce **génocide*** (Shoah*) provoque la mort de plus de 5 millions de Juifs dont plus de 3 millions dans les camps.

> **Remarque**
> Les juifs qui ont survécu aux massacres sont rassemblés dans des ghettos, comme celui de Varsovie, dans lesquels ils sont exploités, persécutés et meurent en nombre.

• Les **Tziganes**, considérés comme population inférieure à éliminer, connaissent un sort identique à celui des Juifs. Déportés dès 1940, ils sont exécutés ou envoyés au camp d'extermination d'Auschwitz. Le tiers de la population tzigane d'Europe est éliminé (1,5 million de victimes).

C D'autres populations exterminées

Les Slaves sont également victimes de la barbarie nazie*. Plus de 2 millions de prisonniers soviétiques meurent dans les camps. Les populations des territoires conquis à l'Est sont opprimées, déportées ou exterminées. Enfin, toutes les populations considérées comme « marginales » sont exécutées : prisonniers de droit commun, témoins de Jéhovah, homosexuels…

3 L'exploitation économique

A Un pillage systématique

• L'Europe vaincue est exploitée économiquement au profit de l'Allemagne nazie. Des **frais d'occupation** sont levés pour payer l'armée allemande. Les matières premières et les ressources industrielles sont réservées à l'**économie de guerre** allemande.

• La population civile subit de terribles privations. La **pénurie*** impose le rationnement* et favorise le marché clandestin (« marché noir ») qui profite à de nombreux intermédiaires.

B La réquisition des hommes

Les nazis recrutent d'abord des volontaires pour aller travailler en Allemagne, puis ils utilisent les prisonniers de guerre, les déportés… En 1942, le **Service du travail obligatoire (STO)** oblige une main-d'œuvre servile à travailler au service du Reich.

Teste-toi !

Corrigés p. 103

A. Cite deux États dont les gouvernements sont fidèles à l'Allemagne nazie.
B. Qu'est-ce que la « solution finale » ?
C. Combien de personnes ont été victimes de l'extermination ?
D. Quels sont les objectifs du pillage économique ?
E. Qu'est-ce que le STO ?

Bilan et conséquences de la Seconde Guerre mondiale

Fiche 8

Histoire

1 Un monde exsangue

A Un bilan humain terrible

Le nombre des victimes est catastrophique : plus de 50 millions de tués et disparus, dont 35 millions d'Européens. Les victimes, majoritairement civiles, sont tuées lors des combats et des bombardements aériens intensifs. Les armées utilisent les bombardements massifs : **bataille d'Angleterre**, bombardements des villes allemandes par les Alliés en 1945 ou largage de bombes atomiques sur **Hiroshima** et **Nagasaki** en août 1945 par l'armée américaine. Les civils ont également été la cible de représailles (ex. : le village d'**Oradour-sur-Glane** en juin 1944). À ces victimes s'ajoutent les populations juives et tziganes exterminées dans les ghettos* et les camps d'extermination* (*cf.* **fiche 7**).

> **Info-clé**
> La guerre a provoqué des déplacements importants de population estimés à près de 30 millions de personnes.

B Une Europe en ruine

- Les villes européennes sont détruites à plus de 80 %, les infrastructures réduites à néant, des terres agricoles sont perdues.
- Financièrement, l'Europe supporte une **dette** gigantesque et l'**inflation*** est considérable en 1945.

C Un traumatisme moral

- L'**épuration** punit les collaborateurs. Les horreurs de la guerre (*cf.* **fiche 7**), l'ouverture des camps d'extermination* et la découverte des archives nazies provoquent un **traumatisme profond** chez les survivants. Devant l'horreur du génocide* des Juifs et pour éviter le retour d'une telle barbarie, les Alliés organisent à **Nuremberg**, un procès contre des criminels nazis de novembre 1945 à octobre 1946. Pour la première fois dans l'histoire, la notion de « **crime contre l'humanité*** » est établie.
- Les criminels de guerre japonais sont jugés par un tribunal international qui siège à Tokyo de mai 1946 à novembre 1948.

2 Une nouvelle carte du monde

A La conférence de Yalta

À **Yalta**, en février 1945, une conférence réunit Roosevelt, président des États-Unis, Churchill, Premier ministre britannique, et Staline, secrétaire général du PCUS*, pour régler le sort de l'Allemagne et de la Pologne jusqu'à la paix.

> **Remarque**
> Yalta se trouve en Crimée au sud de l'URSS.

L'Allemagne est divisée en quatre zones d'occupation, démilitarisée et condamnée à payer de lourdes réparations.

B La conférence de Potsdam

• La **conférence de Potsdam** (près de Berlin) en juillet 1945 qui réunit Attlee (successeur de Churchill), Truman (successeur de Roosevelt, mort en avril 1945) et Staline, précise le sort de l'Allemagne qui perd la Prusse orientale.

• Le Japon, soumis à l'autorité des États-Unis, perd toutes ses conquêtes et est démilitarisé.

• La Seconde Guerre mondiale laisse un bilan terrible et un monde à reconstruire (***cf.* carte p. 56**).

3 Un nouvel ordre mondial

A L'émergence de deux grandes puissances

Les États-Unis et l'URSS sont désormais les deux grandes puissances mondiales. Les États-Unis disposent de l'**arme nucléaire** et affirment leur domination économique. L'URSS, bien que meurtrie par la guerre, sort grandie de la libération des peuples d'Europe centrale et orientale.

B L'Organisation des Nations unies

• Les circonstances de la guerre avaient conduit les Britanniques, les Américains et les Soviétiques à combattre ensemble l'Allemagne nazie (***cf.* fiche 6**). Suite à la **charte de l'Atlantique** signée entre Roosevelt et Churchill en août 1941, 26 États signent la ***Déclaration des Nations unies*** le 1er janvier 1942. À Téhéran, en 1943, Roosevelt, Churchill et Staline proclament la nécessité d'une organisation internationale pour le maintien de la paix.

• En avril-juin 1945 naît lors de la conférence de San Francisco, l'**Organisation des Nations unies (ONU)** : 50 États signent la charte de l'ONU dont l'objectif est la préservation de la paix mondiale par la coopération internationale, le respect des droits de l'homme et des nations, le développement du progrès économique et social.

Teste-toi !

Corrigés p. 103

A. Quel est le bilan humain de la Seconde Guerre mondiale ?

B. À quel procès est créée la notion de « crime contre l'humanité » ?

C. Quel est l'objectif de la conférence de Yalta ?

D. Pourquoi, à l'issue de la guerre, les deux grandes puissances sont-elles les États-Unis et l'URSS ?

E. Quels sont les objectifs de l'ONU ?

La France défaite et occupée

Fiche 9

Histoire

Après la **« drôle de guerre »** (*cf.* **fiche 6**), l'armée allemande fonce vers les Pays-Bas et la Belgique et perce le 10 mai 1940 le front français dans les Ardennes.

1 La France de Vichy

A Un régime issu de la défaite

À la mi-juin 1940, la déroute de l'armée française est totale tandis que les civils fuient les combats. Le président du Conseil **Paul Reynaud** démissionne. Le **maréchal Pétain** devient chef du gouvernement le 17 juin 1940 et signe un armistice avec l'Allemagne le 22 juin à Rethondes, instaurant l'occupation des 3/5 du territoire français (*cf.* **carte p. 53**).

> *Info-clé*
>
> La France est partagée entre la zone d'occupation au nord et la zone libre, au sud de la ligne de démarcation.

Pétain et le gouvernement s'installent à Vichy. Le 10 juillet, Pétain obtient les pleins pouvoirs de la majorité des députés. C'est la fin de la IIIe République et la mise en place de l'**État Français**.

B Un régime autoritaire

• L'État Français ou régime de Vichy est d'abord le pouvoir d'un homme, Philippe Pétain. Il concentre les pouvoirs exécutifs, législatifs et contrôle le pouvoir judiciaire. La propagande le montre comme le sauveur de la France. Un **culte de la personnalité** se développe.
Mais ce régime est surtout un régime autoritaire, antidémocratique et antirépublicain. Pétain suspend dès juillet 1940 les libertés fondamentales.

• Le régime de Vichy prône une nouvelle idéologie : la **Révolution nationale**. Celle-ci repose sur une nouvelle devise (« travail, famille, patrie ») et doit permettre le redressement de la France. La République et ses représentants dont les dirigeants du Front populaire (*cf.* **fiche 5**) sont jugés responsables de la défaite.
Le régime pourchasse toutes les personnes considérées comme agents de l'étranger : communistes, socialistes, francs-maçons, juifs. À partir d'octobre 1940, est mise en place une **législation antisémite**.

C Un régime collaborationniste

> **Remarque**
> La Milice aide les autorités allemandes à traquer les résistants et les Juifs.

Après l'entrevue de Montoire le 24 octobre 1940 avec Hitler, Pétain fait entrer la France dans la **collaboration*** **d'État** puis économique (livraison de matières premières et de denrées agricoles au Reich) et enfin policière (Service du travail obligatoire – STO – en janvier 1943, rafles, création d'une Milice* en 1943).

2 La France de la Résistance

A Le refus de l'armistice et du régime de Vichy

Dès le 18 juin 1940, le général de Gaulle lance depuis la radio britannique un appel à la poursuite des combats. Le gouvernement de Churchill le reconnaît comme le chef de la **France Libre** (Résistance extérieure). Les volontaires des Forces françaises libres (**FFL**) sont rejoints par le ralliement des territoires de l'Empire colonial.

Progressivement la **Résistance intérieure** s'organise. Les communistes y participent à partir de l'été 1941 après l'invasion de l'URSS par l'Allemagne. Des réseaux assurent l'évasion de Français, d'autres collectent et transmettent des renseignements… Des mouvements émergent comme Combat, Libération et Francs-Tireurs…

B Une Résistance unifiée

À la demande de De Gaulle, **Jean Moulin** œuvre à l'unification des mouvements dans le cadre du Conseil national de la Résistance (**CNR**) en mai 1943. Tous reconnaissent progressivement l'autorité de De Gaulle. En février 1944, tous les combattants de la Résistance sont regroupés dans les Forces françaises de l'intérieur (**FFI**).

C La Libération

Les FFI participent à partir de juin 1944 à l'avancée des troupes alliées, les aident et libèrent certaines régions. Les FFL participent aux débarquements. Avec près de 70 000 victimes, la Résistance a permis à la France d'être aux côtés des vainqueurs du conflit.

Teste-toi !

Corrigés p. 103

A. Que devient le territoire français à la suite de l'armistice de juin 1940 ?
B. Qu'est-ce que la « Révolution nationale » ?
C. Comment se manifeste la collaboration du régime de Vichy ?
D. Qu'est-ce que la France Libre ?
E. Qu'est-ce que le CNR ?

Indépendances et construction de nouveaux États

Fiche 10

Histoire

La Seconde Guerre mondiale fragilise les **empires coloniaux**. La défaite rapide de la France fait perdre son prestige aux yeux des peuples colonisés. Après la guerre, les États-Unis et l'URSS se montrent favorables à la **décolonisation** et l'ONU proclame dans sa charte l'égalité des peuples et leur droit à disposer d'eux-mêmes.

1 | De l'Asie à l'Afrique : la marche vers la décolonisation

A La décolonisation de l'Inde

Gandhi, puis **Nehru**, multiplient les actions non violentes pour exiger le départ des Britanniques. Ceux-ci en acceptent le principe dès 1945 en ouvrant des négociations. En août 1947, l'ancienne colonie indienne donne naissance à deux États : l'**Union indienne**, à majorité hindoue, et le **Pakistan**, à majorité musulmane. Cette partition n'évite pas les violences entre les deux nouveaux États.

> *Info-clé*
>
> Gandhi est assassiné en janvier 1948 par un nationaliste hindou qui n'accepte pas la partition.

B L'Indochine

En Indochine, sous domination française, le communiste **Hô Chi Minh** proclame l'indépendance du **Viêt Nam** en septembre 1945. Mais la France va rétablir sa souveraineté. Les opérations prennent vite l'allure d'une guerre durable. Suite à la défaite française de **Diên Biên Phu** en 1954, la France accepte de signer la paix lors des **accords de Genève** (juillet 1954). Le pays est partagé entre un Viêt Nam du Nord communiste et un Viêt Nam du Sud libéral. Le Laos et le Cambodge obtiennent également leur indépendance.

C Les indépendances africaines

- En 1954, en **Algérie**, colonie française où vit 1 million d'Européens, le Front de libération nationale (**FLN**) se lance dans une insurrection contre la France pour obtenir l'indépendance. Une guerre s'engage jusqu'en 1962 dont le bilan est terrible : près de 400 000 victimes du côté algérien et 30 000 du côté français. La France reconnaît l'indépendance de l'Algérie le 18 mars 1962 lors des **accords d'Évian**.
- Le **Maroc** et la **Tunisie** obtiennent leur indépendance en 1956, de manière pacifique, grâce aux négociations menées par Pierre Mendès-France, président du Conseil, avec les indépendantistes.

• Les colonies françaises d'Afrique obtiennent leur autonomie, puis leur indépendance à partir de cette date. Les colonies britanniques d'Afrique deviennent indépendantes à leur tour au cours des années 1960 (*cf.* **carte p. 57**).

2 | L'émergence du tiers monde

A La recherche d'une troisième voie

• Les pays du tiers monde* ont en commun leur indépendance récente et un retard de développement. En avril 1955, lors de la **conférence de Bandung** (Indonésie), 29 délégations d'Asie et d'Afrique s'expriment contre le colonialisme, la guerre froide (*cf.* **fiche 11**) et pour une coopération pour développer leur économie.

• En 1961, à Belgrade (Yougoslavie) naît le **mouvement des non-alignés** qui rejette le système des deux blocs nés de la guerre froide. Ce mouvement se développe dans les années suivantes avec la réunion de plus en plus importante d'États.

B Une unité difficile

• Les États du tiers monde optent cependant progressivement pour l'un des deux blocs. **Cuba** s'oriente vers un régime communiste, soutenu par l'URSS. Les anciennes colonies françaises ont tendance à se rapprocher du bloc occidental. Un certain nombre de ces pays connaissent des instabilités politiques, des guerres civiles (au Nigeria, de 1967 à 1970, « **guerre du Biafra** ») et parfois l'émergence de dictatures (au Cambodge, de 1975 à 1979, avec les **Khmers rouges**).

• Avec la chute du communisme soviétique au début des années 1990 (*cf.* **fiche 12**), les pays du tiers monde communistes mettent en place des économies plus ou moins libérales.

C Les défis du sous-développement

Avec plus des deux tiers de la population mondiale et un accroissement démographique très important, le tiers monde est confronté à des famines peu à peu endiguées par la **Révolution verte***. Mais l'instabilité politique et la corruption nuisent durablement à son développement.

Teste-toi !

Corrigés p. 103

A. Quelles sont les origines des décolonisations ?

B. Qu'est-ce qu'un « pays du tiers monde » ?

C. Qu'est-ce que la conférence de Bandung ?

D. Qu'est-ce que le « non-alignement » ?

E. Pourquoi « l'unité » des pays du tiers monde est-elle difficile ?

La guerre froide : un nouvel ordre international

Fiche 11

1 Les origines de la guerre froide

A Deux grandes puissances concurrentes

La guerre froide est un conflit entre les deux grandes puissances victorieuses de l'Allemagne : les États-Unis et l'URSS. Elles cherchent à défendre leurs intérêts, notamment en Europe, détruite par la guerre. Churchill dénonce, en 1946, la mise en place d'un « **rideau de fer** » qui s'est abattu sur l'Europe.

B 1947 : année de la rupture

Les États-Unis décident de s'engager pour la défense de « la **démocratie** ». Le 12 mars 1947, Truman annonce une aide à tout pays favorable à la liberté, contre le communisme : c'est la **doctrine de l'endiguement***. Le **plan Marshall** (juin 1947) propose une aide économique aux États européens, y compris ceux sous influence soviétique. L'URSS leur demande de refuser le plan. 16 États d'Europe occidentale l'acceptent. Staline réplique en créant le **Kominform*** en septembre 1947, et, à cette occasion, le représentant Jdanov formule la doctrine soviétique : « Le monde est désormais divisé en deux blocs rivaux, l'un impérialiste et anti-démocratique (celui des États-Unis), l'autre démocratique et anti-impérialiste (celui de l'URSS) » (*cf.* **carte p. 57**).

2 Un monde coupé en deux blocs

A Les États-Unis et le monde capitaliste

• À la tête du bloc occidental se trouvent les États-Unis qui se définissent par la liberté individuelle et la démocratie. Leur modèle de société repose sur l'**économie libérale capitaliste** et le mode de vie américain (*American way of life*).

• Les pays bénéficiaires du plan Marshall forment l'OECE* afin de répartir l'aide financière. Le 4 avril 1949, les États-Unis signent avec le Canada et 10 pays d'Europe occidentale une alliance militaire défensive, l'Alliance atlantique, renforcée l'année suivante par l'**OTAN***. Ces pays sont sous la protection nucléaire des États-Unis. La solidarité occidentale est aussi économique et culturelle.

B L'URSS et le bloc soviétique

Le bloc de l'Est est dirigé par l'URSS, patrie du communisme (*cf.* **fiche 3**). Dans les pays libérés par l'Armée Rouge s'installent des régimes communistes appelés « **démocraties populaires*** ». Pour développer les liens économiques entre ces pays, l'URSS crée en 1949 le CAEM. La même année, la **Chine** devenue communiste par la prise du pouvoir de Mao Zedong incorpore le bloc soviétique. Enfin, le pacte de Varsovie, place les démocraties populaires, excepté la Yougoslavie, sous la protection militaire de l'URSS.

3 | Des affrontements multiples

A La première crise de Berlin (1948)

La première crise débute à Berlin, divisé en 4 zones d'occupation depuis 1945. Pour protester contre l'unification des zones occidentales (britannique, américaine et française), Staline impose un blocus. Truman riposte en instaurant un **pont aérien** pour ravitailler la partie occidentale de la ville. En mai 1949, le blocus est levé. Cette crise donne naissance à la **RFA** (République fédérale allemande) à l'Ouest, puis à la RDA (République démocratique allemande) à l'Est.

B La guerre de Corée (1950-1953)

En juin 1950, la Corée du Nord communiste envahit la Corée du Sud soutenue par les États-Unis. Avec l'accord de l'ONU, l'armée américaine intervient pour empêcher l'invasion complète de la Corée. La guerre nucléaire menace car l'URSS détient cette arme depuis 1948. Finalement, un armistice* est signé en juillet 1953. La guerre a engendré près de 1,5 million de victimes.

C La crise de Cuba (1962)

En octobre 1962, les Soviétiques installent à Cuba des rampes de lancement pour missiles à moyenne portée. Alors que des cargos soviétiques s'apprêtent à livrer des fusées à Cuba, le président des États-Unis J. F. Kennedy entreprend le **blocus de l'île** et exige le retrait des navires soviétiques. L'épreuve de force dure une semaine. Khrouchtchev, nouveau secrétaire général du PCUS* depuis 1953, finit par céder contre la promesse des Américains de ne pas envahir Cuba.

Teste-toi !

Corrigés p. 103

A. D'après Churchill, comment se manifeste la division de l'Europe en 1946 ?
B. Quels sont les objectifs du plan Marshall ?
C. Que sont les « démocraties populaires » ?
D. Cite les alliances militaires des deux blocs.
E. Cite des affrontements entre les deux blocs.

La détente et la fin de la guerre froide

1 Les origines de la détente

A La coexistence pacifique

Khrouchtchev avait proposé, dès 1956, une coexistence pacifique aux Occidentaux afin d'instaurer la paix entre les deux blocs. C'est le « **temps du dégel** » marqué toutefois par des crises : l'édification d'un mur entre Berlin-Ouest et Berlin-Est pour éviter l'exode des Allemands de la RDA vers Berlin-Ouest et la RFA (août 1961), et la crise de Cuba en 1962 (*cf.* **fiche 11**).

B L'entente entre les deux Grands

Après cette dernière crise, les deux Grands décident de s'entendre pour éviter une nouvelle crise grave. Le traité de **non-prolifération des armes atomiques** est signé en 1968. En 1969, des accords sur la limitation des missiles et des armes offensives stratégiques sont signés à Moscou (accords SALT 1* en 1972 et SALT 2* en 1979). Enfin, en 1975, les **accords d'Helsinki** engagent 35 États, dont l'URSS et les États-Unis, à garantir leurs frontières, à permettre la libre circulation des personnes et la coopération internationale.

> **Exemple-clé**
> Dès 1963, une ligne téléphonique directe, le « téléphone rouge », relie Washington et Moscou.

2 Crises et conflits durant la détente

A Des blocs contestés

• En Europe, la détente se marque par une contestation des deux blocs. En France, le général de Gaulle refuse d'inscrire sa politique dans la logique des blocs et prend ses distances avec les États-Unis (visite de De Gaulle en URSS, retrait de la France de l'OTAN*). À l'Est, le modèle soviétique est aussi contesté en Tchécoslovaquie (« **Printemps de Prague** », 1968). Mais Brejnev, nouveau dirigeant soviétique, mate la contestation. Enfin, à l'initiative de Willy Brandt, chancelier ouest-allemand, la RFA et la RDA se rapprochent.

• En Asie, la Chine critique de plus en plus l'URSS et sa politique internationale vis-à-vis des pays décolonisés. La rupture est officielle en 1961 et la Chine se rapproche des États-Unis.

B Des guerres dans les pays du tiers monde*

• Au Proche-Orient, les pays arabes refusent toujours de reconnaître l'**État d'Israël** depuis sa création en 1948. Après quatre guerres israélo-arabes (1948, 1956, 1967 – guerre des Six jours. 1973 – guerre du Kippour), chacun des deux Grands pousse à la négociation.

• En Asie, les États-Unis sont enlisés depuis 1964 dans la **guerre du Viêt Nam** qui oppose le Nord communiste au Sud libéral. Suite aux accords de paix de Paris (1973), les États-Unis quittent définitivement la région en 1975, après une guerre meurtrière.

3 | Les relations internationales de 1975 à 1991

A Le monde incertain du milieu des années 1970

Profitant des décolonisations (**cf. fiche 10**), l'URSS étend son influence en Afrique. En Amérique latine, l'URSS soutient les révolutions communistes, comme au Nicaragua (1978-1979). Au Moyen-Orient, l'**Iran** devient une république islamiste (1979), tandis qu'en Asie centrale, l'URSS envahit l'**Afghanistan** (décembre 1979).

B Le retour des États-Unis

Les États-Unis réagissent fermement : « Amerika is back », selon les mots du nouveau président R. Reagan (1981-1989). Ils soutiennent les guérillas anticommunistes pour défendre la liberté et la démocratie et relancent la course aux armements (projet « guerre des étoiles* »). Toutefois, les négociations sur le désarmement se poursuivent entre Reagan et Gorbatchev, secrétaire général du PCUS* depuis 1985. Ces rencontres aboutissent au **traité de Washington** (décembre 1987) qui élimine les armes nucléaires de courte et moyenne portées.

C La disparition de l'URSS

Mikhaïl Gorbatchev lance à partir de 1985 des réformes politiques et économiques (**glasnost*** et **perestroïka***) qui se heurtent à de nombreuses oppositions. Les différentes Républiques qui composent l'URSS demandent leur indépendance. Critiqué, victime d'un putsch tenté par des dirigeants communistes conservateurs en août 1991, Gorbatchev démissionne de ses fonctions de premier secrétaire du PCUS*. À l'initiative de Boris Eltsine, président de la Fédération de Russie, les présidents des trois Républiques slaves (Russie, Ukraine et Biélorussie) se réunissent et créent la Communauté des États indépendants (**CEI**) à laquelle adhèrent 8 autres Républiques. C'est la fin de l'URSS.

> **Info-clé**
> Dès 1990, les États baltes obtiennent leur indépendance, suivis d'autres États.

Teste-toi !

Corrigés p. 103

A. Quelle crise engendre la détente ?
B. Comment se manifeste concrètement la détente ?
C. Quelles crises viennent perturber la détente ?
D. Pourquoi parle-t-on d'un « monde incertain » au milieu des années 1970 ?
E. Avec quel dirigeant soviétique les relations internationales s'apaisent-elles ?

La construction européenne

Fiche 13

Histoire

La construction européenne naît de la volonté de construire une paix durable après 1945. L'Europe est alors en ruine (*cf.* **fiche 8**). L'idée vient notamment du Français Jean Monnet pour qui la seule solution est l'unité de l'Europe. Il propose un processus « à petits pas », basé sur une coopération franco-allemande.

1 | Les débuts de la construction européenne

A Des conditions favorables

Dès la fin de la guerre, Churchill souhaite construire les « États-Unis d'Europe ». Ses espoirs reposent sur des hommes politiques issus de la Résistance et de la démocratie-chrétienne (les « pères de l'Europe ») qui veulent une Europe unie reposant sur le respect des **principes démocratiques**. Dans le contexte de la guerre froide, la crainte du communisme est un élément moteur. Dès 1949, 10 pays européens créent le **Conseil de l'Europe***.

B Du Conseil de l'Europe* à la CECA

L'idée de Jean Monnet est reprise par le ministre des Affaires étrangères français, Robert Schuman. Ce dernier propose, le 9 mai 1950, l'idée d'une mise en commun des ressources en charbon et en acier de la France et de l'Allemagne au sein d'une organisation ouverte aux autres pays d'Europe. En 1951, 6 États forment la **CECA*** en signant le traité de Paris.

Info-clé

Les 6 États faisant partie de la CECA sont la France, la RFA, l'Italie, la Belgique, le Luxembourg, les Pays-Bas.

2 | La CEE

A Les traités de Rome

Après le succès de la CECA*, la construction européenne ralentit lorsque la France refuse de ratifier la Communauté européenne de défense (CED) en 1954. Toutefois, les États membres de la **CECA** créent un marché commun. Le 25 mars 1957, les traités de Rome donnent naissance à la **Communauté économique européenne** (CEE). Un premier traité prévoit une coopération économique, l'abolition des frontières douanières et la mise en place d'un tarif extérieur commun. Un second jette les bases d'une communauté européenne de l'énergie atomique (Euratom). La souveraineté* des États est maintenue puisque toutes les décisions concernant la CEE sont prises à l'unanimité.

B Les nouvelles adhésions

Les succès de la CEE lui valent des demandes d'adhésion. Dès 1973, de nouveaux États adhèrent au Marché commun (Danemark, Irlande, Royaume-Uni), puis en 1981 (Grèce) et en 1986 (Espagne et Portugal). Ce sont donc 12 États qui signent, en 1986, l'Acte unique qui prévoit une **Europe sans frontières** pour 1993.

C De nouvelles institutions

L'Acte unique de 1986 renforce le pouvoir des organismes communautaires afin de rendre plus efficaces les prises de décision. Le Parlement voit ses pouvoirs élargis. Parallèlement est signé à Schengen, un accord qui instaure la **libre circulation des personnes** au sein de la Communauté. Cet accord entre en vigueur en 1996.

3 L'Union européenne depuis 1992

Le traité de Maastricht

• Avec la fin de la guerre froide (***cf.* fiche 12**), la CEE doit s'adapter ; soutenu par Jacques Delors, le **traité de Maastricht** est signé le 7 février 1992. Il transforme la CEE en Union européenne. Il favorise la politique d'intégration et étend le champ de la construction européenne : l'industrie, l'énergie, la recherche, l'environnement entrent dans le domaine des compétences communautaires. Un marché unique sans frontières intérieures et sans restrictions de circulation des personnes et des capitaux est ainsi créé. Le traité prévoit également une politique étrangère et de sécurité commune (PESC). Enfin, une citoyenneté européenne (***cf.* fiche 28**) est reconnue.

> **Remarque**
> Jacques Delors est président de la Commission européenne de 1984 à 1994.

• Par ailleurs, une monnaie européenne unique (**l'euro**) est prévue, gérée par une banque centrale indépendante. L'euro entre en circulation en 2002 dans 12 États de l'Union (19 États l'utilisent aujourd'hui). Au fur et à mesure de son intégration économique et de son union politique, l'UE s'est élargie pour compter 28 membres jusqu'au 31 janvier 2020 (***cf.* fiche 25**).

Teste-toi !

Corrigés p. 104

A. Quel est le premier objectif de la construction européenne ?

B. Qu'est-ce que la CECA ?

C. Quand naît officiellement la CEE ?

D. Qu'est-ce que « l'espace Schengen » ?

E. Combien d'États membres compte l'UE en 2016 ?

Enjeux et conflits dans le monde depuis 1989

1 | Une seule superpuissance

A La chute du communisme

• L'arrivée au pouvoir de Gorbatchev et la mise en place de la perestroïka* (*cf.* **fiche 12**) provoquent la fin du communisme en Europe de l'Est. En Pologne, par exemple, après plusieurs années de confrontations avec le syndicat *Solidarność* (« Solidarité »), le **général Jaruzelski** doit mettre fin à l'état de guerre. La liberté syndicale est rétablie et de nouvelles institutions sont mises en place (1989). Les élections donnent une très large victoire aux candidats du syndicat Solidarité. En 1990, Jaruzelski démissionne et **Lech Walesa**, fondateur du syndicat et prix Nobel de la paix en 1983, devient président de la République de Pologne.

• En RDA et en Tchécoslovaquie, des manifestations populaires ébranlent les régimes communistes. Le **Mur de Berlin** tombe le 9 novembre 1989 et les deux Allemagnes se réunifient en octobre 1990, tandis qu'en Tchécoslovaquie **Vaclav Havel**, écrivain dissident*, devient président de la République. L'effondrement du communisme se prolonge en Bulgarie et en Roumanie.

B L'action des États-Unis

La fin du communisme en Europe de l'Est et la dislocation de l'URSS (*cf.* **fiche 12**) marquent l'entrée dans une ère nouvelle où les États-Unis semblent être sans rivaux et apparaissent comme les seuls capables d'arbitrer le « nouvel ordre mondial ». Les présidents américains consolident la suprématie des États-Unis.

> **Remarque**
> George H. W. Bush de 1989 à 1993 et Bill Clinton de 1993 à 2001.

2 | La poursuite des conflits

A Les guerres en ex-Yougoslavie

La fin du communisme en Europe crée de nouvelles rivalités. C'est le cas dans les Balkans où se déroule, de 1991 à 2001, une guerre entre les différentes Républiques de Yougoslavie. Ce retour de la guerre en Europe, particulièrement meurtrier (entre 200 000 et 300 000 victimes), est le premier conflit à caractère génocidaire en Europe (épuration ethnique) depuis la Seconde Guerre mondiale.

B Proche et Moyen-Orient

Le 2 août 1990, l'armée irakienne envahit le **Koweït** pour ses richesses pétrolières. Suite à une résolution de l'ONU et la mise sur pied d'une force internationale d'intervention de 29 nations, l'Irak est bombardé et envahi (« **guerre du Golfe** », 1990-1991). Le Koweït libéré, une conférence internationale se réunit à Madrid en octobre 1991 pour régler le conflit israélo-palestinien, elle aboutit aux accords d'Oslo et de Washington (septembre 1993) avec la création de l'Autorité palestinienne. Cependant, la paix reste lointaine.

3 | Une entrée dans le XXIe siècle incertaine

A Le développement du terrorisme international

L'entrée dans le XXIe siècle est marquée par les **attentats du 11 septembre 2001** aux États-Unis ; près de 3 000 personnes sont tuées. Les États-Unis sont, pour la 1re fois, attaqués sur leur territoire et doivent combattre la menace terroriste. Ils luttent contre un réseau terroriste international (*al-Qaïda**). Sur tous les continents, des attentats font des centaines de victimes.

> **Info-clé**
> Le fondement d'*al-Qaïda* est le fanatisme religieux islamiste.

B La lutte contre le terrorisme

Dès octobre 2001, les États-Unis et certains alliés engagent une guerre contre le régime islamiste des **talibans*** en Afghanistan. Puis G. W. Bush, président des États-Unis (2001-2009), décide de renverser **Saddam Hussein**, dirigeant irakien, prétextant qu'il détient des armes de destruction massive. Une coalition restreinte attaque l'Irak en mars 2003. Le dictateur est capturé et condamné à mort, mais les troupes américaines restent dans le pays. De même, après 10 ans de traque, **Oussama Ben Laden**, chef d'*al-Qaïda*, est tué par un commando américain le 2 mai 2011. Pourtant la menace terroriste perdure (développement de *Daech**).

C De nouvelles puissances

Alors que le monde est marqué par des bouleversements imprévisibles (ex. : « printemps arabe » à partir de décembre 2010), des puissances s'affirment dans les relations internationales : on les appelle « les BRICS » : Brésil – Russie – Inde – Chine – Afrique du Sud.

Teste-toi !

Corrigés p. 104

A. Quelle est la cause de l'effondrement du communisme en Europe de l'Est ?
B. Pourquoi parle-t-on d'un « nouvel ordre mondial » à partir de 1991 ?
C. Qu'est-ce qu'*al-Qaïda* ?
D. Comment se manifeste la lutte contre le terrorisme international ?
E. Cite des puissances qui s'affirment dans les relations internationales.

La refondation républicaine (1944-1958)

Fiche 15

Histoire

1 | La République de la Libération

A Le Gouvernement provisoire de la République française

• En août 1944, le Gouvernement provisoire de la République française **(GPRF)**, créé en juin 1944 et dirigé par le général de Gaulle, s'installe à Paris après la Libération. Son action s'inspire du programme du CNR : épuration* légale, retour à la démocratie. Pour favoriser le retour de l'unité nationale, **l'ordre républicain** est restauré.

• Le GPRF met en œuvre des réformes économiques et sociales. Des entreprises sont nationalisées, la Sécurité sociale est fondée, les comités d'entreprise créés en 1945 donnent de nouveaux droits aux salariés.

> *Info-clé*
> Le GPRF met en place un État-providence* et une démocratie sociale.

B Une nouvelle République

• Le référendum d'octobre 1945 auquel participent pour la première fois les femmes décide l'élection d'une Assemblée constituante pour donner une **nouvelle Constitution** au pays. Le général de Gaulle devient chef du gouvernement (novembre 1945). Mais refusant le système des partis et souhaitant un pouvoir exécutif fort, De Gaulle démissionne le 20 janvier 1946.

• Après l'échec d'un premier projet constitutionnel en mai 1946, une nouvelle Assemblée est élue pour rédiger une nouvelle Constitution en octobre 1946.

2 | La IVe République

A Une nouvelle République ?

• Approuvée par référendum, la nouvelle Constitution entre en vigueur à la fin de 1946. Elle rappelle celle de la IIIe République. Élue pour **cinq années au suffrage universel direct**, l'Assemblée nationale a de nombreux pouvoirs : initiative des lois, investiture du président du Conseil. C'est à l'Assemblée nationale que sont prises les décisions pour la Nation.

• Le chef de l'État, président de la République est élu par les deux assemblées (suffrage universel indirect) et a peu de pouvoirs.

B La poursuite de l'œuvre du GPRF

• La IVe République poursuit le travail de reconstruction économique et politique engagé par le GPRF. Au début des années 1950, la reconstruction économique de la France est quasiment terminée. La création d'un salaire minimum (**SMIG***), la troisième semaine de congés payés en 1956 améliorent les conditions de vie des Français (*cf.* **fiche 18**). Des programmes de construction de logements et la création des Habitations à loyer modéré (HLM) complètent la politique sociale.

• Enfin, les gouvernements de la IVe République prennent l'initiative de la construction européenne (*cf.* **fiche 13**).

C Des difficultés

Info-clé

Vingt-deux gouvernements se succèdent de 1946 à 1958.

• Toutefois, malgré des réussites économiques et sociales, la République se heurte à l'instabilité politique. La République est parfois paralysée par le jeu des trois principales forces politiques en présence depuis 1945 (communiste, socialiste, gaulliste). De plus, la guerre froide à partir de 1947 (*cf.* **fiche 11**) et l'opposition des communistes comme celle des gaullistes fragilisent le régime.

• Enfin, la question coloniale (*cf.* **fiche 10**) qui divise les Français et les partis politiques déstabilise la République. À l'issue de la guerre d'Indochine (1954), le Viêt Nam, le Laos et le Cambodge deviennent indépendants. En 1956, le Maroc et la Tunisie le deviennent à leur tour, pacifiquement. Cependant, la IVe République ne parvient pas à régler le problème de la **décolonisation en Algérie** commencée depuis 1954. Finalement la IVe République ne survit pas à cette guerre.

Teste-toi !

Corrigés p. 104

A. Qui a le pouvoir à la Libération ?

B. Cite quelques mesures socio-économiques mises en place par le GPRF.

C. Comment est adoptée la IVe République ?

D. Quelles sont les principales mesures socio-économiques réalisées par la IVe République ?

E. Cite une cause de la fin de la IVe République.

De Gaulle et le nouveau système républicain (1958-1969)

Fiche 16

Histoire

Le 13 mai 1958, les Français d'Algérie se soulèvent et prennent d'assaut le siège du gouvernement général. Un comité de salut public dirigé par l'armée est créé pour tenter d'imposer au pouvoir des hommes favorables à l'Algérie française. Pour résoudre cette crise, le président de la République, René Coty, nomme le général de Gaulle président du Conseil. Il reçoit les pleins pouvoirs pour écrire une nouvelle Constitution* telle qu'il l'avait proclamée lors de son discours de Bayeux en 1946.

1 | La République gaullienne

A Naissance de la Ve République

• De Gaulle fait voter la **Constitution de la Ve République** par référendum* en septembre 1958. Près de 80 % des électeurs l'approuvent : le rôle du président de la République est renforcé. De Gaulle est élu en décembre 1958 par une très large majorité des grands électeurs. Il nomme Michel Debré Premier ministre.

• En 1962, un nouveau référendum modifie la Constitution et permet l'élection du président de la République au **suffrage universel direct** pour 7 ans (septennat).

B La fin de la décolonisation

• Dès 1959, De Gaulle affirme le droit des Algériens à l'**autodétermination***. Une opposition acharnée d'une partie des Français d'Algérie et de l'armée se fait jour. En 1961, un **putsch** est tenté à Alger par quatre généraux tandis que l'OAS multiplie les actions violentes en Algérie et en France. Finalement, les **accords d'Évian** signés le 18 mars 1962 donnent l'indépendance à l'Algérie. Les Français d'Algérie (les « pieds-noirs ») et les harkis (Algériens qui ont combattu le FLN aux côtés de l'armée française) sont plus d'1 million à rejoindre la France.

• En 1958, les colonies d'Afrique choisissent l'autonomie, dans le cadre d'une communauté franco-africaine. Ces pays obtiennent l'indépendance en 1960.

C Un rang mondial pour la France

• De Gaulle souhaite redonner à la France son rang de puissance mondiale. Dans le cadre de la construction européenne, il est hostile à l'idée d'une Europe supranationale*. Il refuse l'adhésion de la Grande-Bretagne à la CEE et il œuvre pour le rapprochement franco-allemand.

Les deux États signent, en janvier 1963, un traité de coopération suivant trois axes : politique étrangère, défense et culture (**traité de l'Élysée**).

• Il fait entendre la voix de la France, en nouant des liens de coopération avec les pays du tiers monde* en se démarquant des deux Grands. La France se dote de l'**arme atomique** en 1960 et, en 1966, le chef de l'État décide le retrait de la France du commandement de l'**OTAN*** tout en restant fidèle à l'Alliance atlantique. Les bases militaires américaines doivent fermer en France.

• La France profite de la période de croissance pour moderniser son économie (création d'un nouveau franc stable) et développer ses secteurs de pointe (centrales nucléaires, avion supersonique).

2 La fin de l'ère gaulliste

A Un pouvoir contesté

• Lors des élections présidentielles au suffrage universel de décembre 1965, à la surprise générale, De Gaulle n'est élu qu'au second tour contre le candidat de la gauche, François Mitterrand.

> **Remarque**
> De Gaulle est élu au second tour avec près de 55 % des voix.

• En mai 1968, des grèves étudiantes gagnent les ouvriers. La France est paralysée. Tandis que les partis de gauche réclament le départ du président de la République, celui-ci dissout l'Assemblée, comme le lui permet la Constitution*. Aux élections législatives de juin 1968, les gaullistes obtiennent une très large majorité.

B La démission de De Gaulle

Malgré cette reprise en main, De Gaulle est remis en cause. Il tente de répondre à la crise par des réformes assurant la participation du peuple français. En avril 1969, il lance un référendum sur la **régionalisation***. Il promet de quitter ses fonctions si les Français répondent « non ». Le non l'emporte à 52 %. De Gaulle démissionne. Il meurt le 9 novembre 1970.

Teste-toi !

Corrigés p. 104

A. Quel événement permet à De Gaulle de revenir au pouvoir en 1958 ?

B. Quelle est la principale caractéristique de la Ve République ?

C. Quelle est la durée du mandat présidentiel au début de la Ve République ?

D. Comment se manifeste le rapprochement franco-allemand ?

E. Pourquoi De Gaulle démissionne-t-il en 1969 ?

La Ve République à l'épreuve de la durée

Fiche 17

Histoire

1 L'après-gaullisme

A Pompidou, l'héritier du gaullisme (1969-1974)

• Suite à la démission de De Gaulle (*cf.* **fiche 16**), **Georges Pompidou**, ancien Premier ministre, est élu à une large majorité.

• Pompidou poursuit une politique industrielle ambitieuse. Dans le contexte de l'après-Mai-1968, il soutient le projet de « nouvelle société » de son Premier ministre Jacques Chaban-Delmas. Mais, dès 1972, il revient à une politique plus conservatrice. Son mandat est interrompu brutalement par sa mort le 2 avril 1974.

B Giscard d'Estaing (1974-1981)

Aux élections présidentielles de mai 1974, c'est un candidat non gaulliste, **Valéry Giscard d'Estaing**, qui est élu face à François Mitterrand (gauche). Son septennat est marqué par la majorité fixée à 18 ans et la légalisation de l'avortement (loi Veil en 1975)... La France entre dans une crise économique et Jacques Chirac, Premier ministre, démissionne. Il est remplacé par Raymond Barre qui mène une politique de rigueur, mais le chômage augmente et l'inflation* se poursuit.

2 L'alternance politique depuis 1981

A La gauche victorieuse

• La gauche arrive au pouvoir avec **François Mitterrand**, élu aux élections présidentielles d'avril-mai 1981 et le Parti socialiste (PS) qui obtient la majorité absolue à l'Assemblée nationale. Plusieurs mesures politiques, sociales et économiques sont prises immédiatement : abolition de la peine de mort, régularisation des immigrés clandestins, lois sur la décentralisation*, nationalisations*...

Exemple-clé

En 1982, la durée du temps de travail est ramenée à 39 heures.

• La politique de relance est peu efficace. En 1984, Pierre Mauroy, Premier ministre, est remplacé par Laurent Fabius qui mène une politique de rigueur.

B La première cohabitation

Aux élections législatives de 1986, la droite l'emporte et le gaulliste **Jacques Chirac**, président du RPR, devient Premier ministre. C'est la première cohabitation*. Le gouvernement mène une politique libérale sans remettre en cause les lois sociales de 1981. Mais le gouvernement est soumis aux mécontentements et le chef de l'État qui se pose en gardien des « acquis sociaux », regagne de la popularité.

C Le second mandat de François Mitterrand (1988-1995)

En mai 1988, **François Mitterrand** est réélu au second tour. Tandis que les Premiers ministres se succèdent (Michel Rocard, 1988 ; Édith Cresson, 1991 ; Pierre Bérégovoy, 1992), la crise se poursuit et les élections législatives de 1993 sont une défaite pour la gauche. Le chef de l'État nomme Édouard Balladur, membre du RPR, Premier ministre.

D Jacques Chirac président (1995-2007)

• En mai 1995, **Jacques Chirac** remporte les présidentielles et nomme Alain Juppé Premier ministre. C'est le retour des gaullistes à l'Élysée. Rapidement, les difficultés sociales et économiques s'accumulent. Jacques Chirac dissout l'Assemblée nationale en juin 1997. La « gauche plurielle » l'emporte et Lionel Jospin, premier secrétaire du PS, est nommé Premier ministre. C'est la 3e cohabitation*. Le gouvernement fait de la lutte contre le chômage sa priorité. En 2000, un référendum* ramène le mandat du président de 7 à 5 ans.

> **Exemple-clé**
> Pour lutter contre le chômage, le gouvernement crée les emplois jeunes et limite la durée hebdomadaire de travail à 35 heures.

• Aux présidentielles de 2002, le candidat du Front national (extrême droite), **Jean-Marie Le Pen**, est au second tour (21 avril). C'est un choc politique qui démontre la montée du vote protestataire. Mais Jacques Chirac est réélu avec 82 % des voix et obtient une large majorité à l'Assemblée nationale.

E Depuis 2007...

• Lors de l'élection présidentielle de 2007, **Nicolas Sarkozy**, ancien ministre de l'Intérieur, secrétaire général de l'UMP (Union pour un mouvement populaire), est élu.

• En 2012, le président sortant est battu par le candidat **François Hollande** (PS). C'est de nouveau l'alternance.

• En mai 2017, **Emmanuel Macron** est élu président de la République et est réélu en avril 2022.

Teste-toi !

Corrigés p. 104

A. Cite les présidents de la République depuis 1969.
B. Cite des mesures sociales prises sous la présidence de V. Giscard d'Estaing.
C. Cite des mesures socio-économiques sous la présidence de F. Mitterrand.
D. Quelles sont les dates des cohabitations ?
E. Pourquoi parle-t-on à propos du 21 avril 2002 d'un « choc politique » ?

Les évolutions de la société française de 1950 aux années 1980

Fiche 18

1 | Les « Trente Glorieuses »

A Une forte croissance économique

• De 1945 à 1975, la France comme les autres pays développés connaît une forte croissance économique avec un chômage presque inexistant.

• Cette croissance s'explique par la reconstruction (**plan Marshall**), la modernisation de l'économie voulue par l'État (*cf.* **fiche 16**). Les entreprises françaises se concentrent pour être plus efficaces et l'agriculture se modernise. La France tient un rôle de premier plan dans les transports ferroviaires et l'aéronautique, dans l'énergie avec la **naissance du nucléaire**, dans les constructions électriques, l'automobile et les travaux publics.

> **Remarque**
> Cette croissance est liée à l'augmentation de la population, à l'aménagement du territoire et au rôle de l'État providence*.

B Un ralentissement économique à partir des années 1970

À partir du début des années 1970, la croissance ralentit et le chômage augmente. La France entre dans une période de difficultés. Des secteurs industriels traditionnels (mines, sidérurgie, textile...) connaissent de graves crises et licencient massivement. À l'inverse les entreprises du secteur de la technologie à main-d'œuvre hautement qualifiée sont en pleine croissance (nucléaire, électronique, aéronautique...). Toutes ces transformations économiques bouleversent la société française.

2 | Une société bouleversée

A Une forte croissance démographique

• La France passe de 40 millions d'habitants à près de 67 millions aujourd'hui. Cette croissance est due à une forte reprise de la natalité (**baby-boom**) jusqu'aux années 1960.

• La **population née de l'immigration** – développée pendant les « Trente Glorieuses » car la France manquait de main-d'œuvre pour les travaux les moins qualifiés – croît elle aussi.

B Une société tertiarisée et féminisée

• Les Français sont des salariés à plus de 80 % mais la répartition par secteurs d'activité a changé : le **secteur primaire** recule progressivement. C'est la « fin des paysans » et de la société rurale traditionnelle. Le **secondaire** connaît une

> **Remarque**
> Les ouvriers existent, mais ce sont souvent des immigrés et des femmes.

évolution plus lente : augmentation jusqu'à la fin des années 1960, puis baisse régulière (crise des secteurs traditionnels, automatisation, délocalisations...). Enfin, le **secteur tertiaire** explose : services publics (éducation, santé, administrations, transports) et services privés, soit aux entreprises soit aux particuliers.

• Les femmes déjà présentes sur le marché du travail (33 % en 1954) investissent massivement le monde du travail, surtout dans le tertiaire en liaison avec le mouvement de libération des femmes. C'est la féminisation.

3 | De nouveaux modes de vie

A Transformation familiale

• La famille a été profondément transformée. Ainsi le nombre des **divorces** augmente progressivement tandis que le nombre de mariages diminue. Les familles monoparentales ou recomposées émergent. Les modèles familiaux se diversifient.

• Depuis le début des années 1970, l'« enfant roi » occupe le centre de la famille. L'adolescence se prolonge et le départ du domicile familial intervient plus tardivement.

B Démocratisation culturelle et culture de masse

Les années 1960 ont vu la démocratisation du collège puis du lycée et de la formation universitaire. Une culture de masse s'est largement diffusée. Si les médias traditionnels comme la presse n'ont pas disparu, des **révolutions technologiques** ont eu lieu dans le domaine audiovisuel (radio à piles, baladeur, et surtout télévision). Celles-ci ont permis la **massification culturelle** : le plus grand nombre écoute de la musique, voit des films (au cinéma, à la télévision) et se retrouve lors d'événements planétaires comme les jeux Olympiques ou les Coupes du monde de football.

Teste-toi !

Corrigés p. 104

A. Qu'est-ce que les Trente Glorieuses ?
B. Comment la croissance économique des années 1960 s'explique-t-elle ?
C. Comment se manifeste le ralentissement économique des années 1970 ?
D. Qu'est-ce que la féminisation ?
E. Qu'est-ce que la culture de masse ?

Cartes d'histoire

L'Europe de 1914

L'Europe des années 1920 : nouvelles frontières, nouveaux problèmes

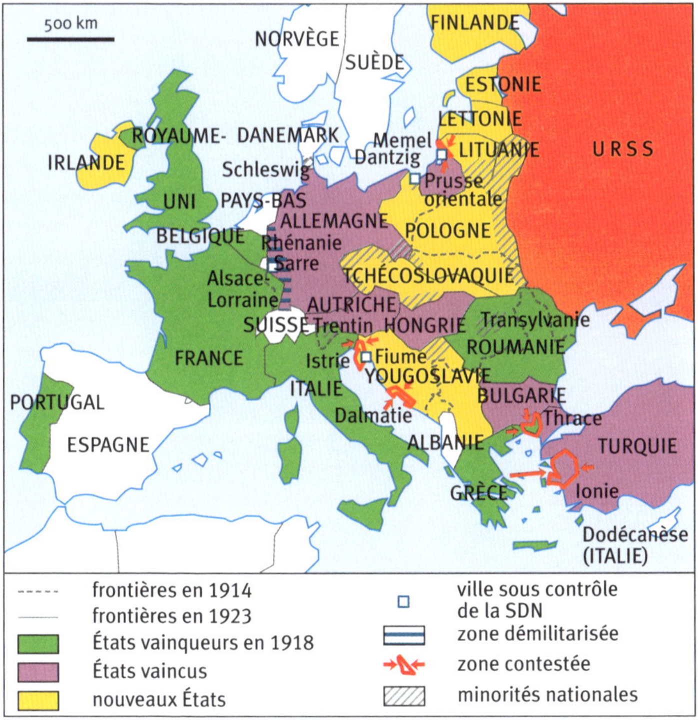

L'Europe à la veille de la guerre, en 1939

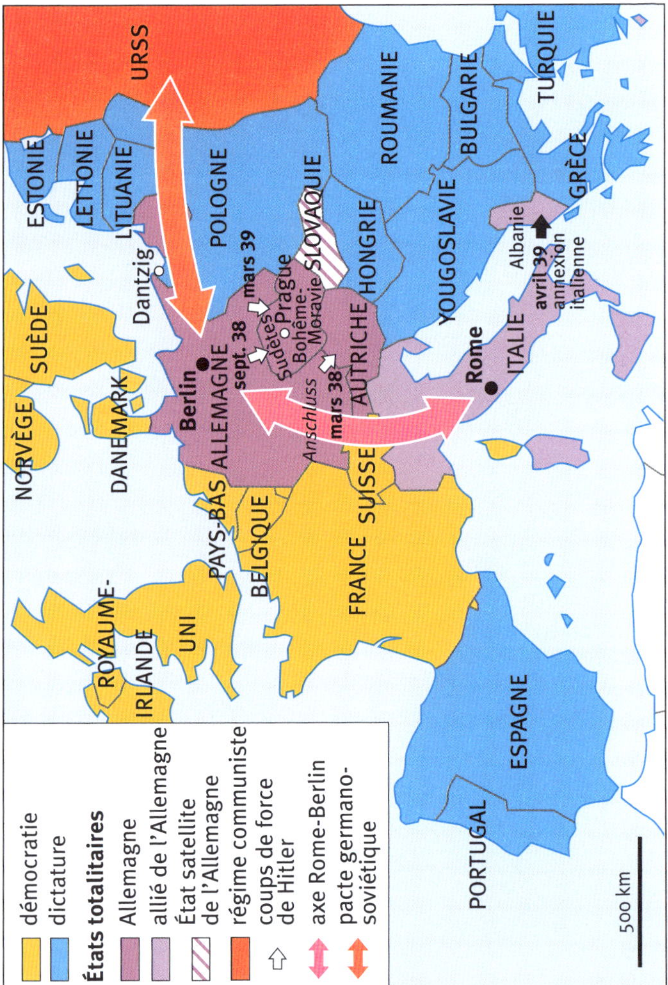

La France occupée

Cartes

L'Europe en octobre 1942

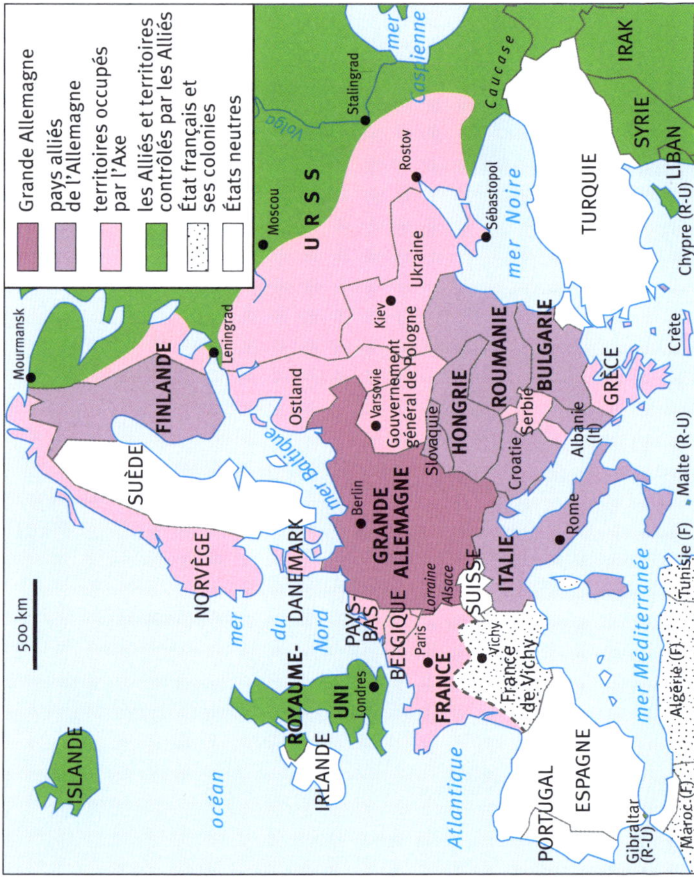

Le monde en 1942

les Alliés fin 1942	extension maximale des conquêtes de l'Axe
routes de ravitaillement alliés	expansion japonaise
l'Axe et ses alliés fin 1942	guerre de l'Atlantique, attaques de sous-marins allemands

Cartes

L'Europe à la fin de 1945

- front en mai 1945
- territoires annexés par l'URSS
- présence de l'Armée rouge
- territoires acquis par la Pologne
- présence des armées américaine, anglaise et française

principaux déplacements de population :
- Russes
- Polonais
- Allemands

- États neutres

La décolonisation depuis 1945

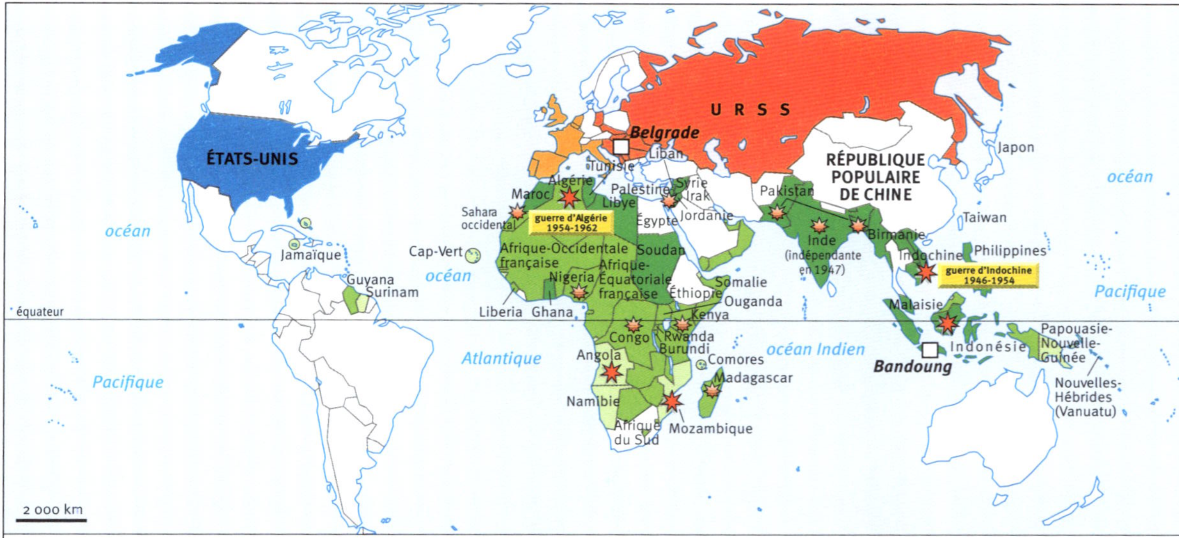

• Les métropoles

- puissances coloniales européennes en 1945

• La décolonisation

- États indépendants entre 1944 et 1957
- États indépendants entre 1958 et 1969
- États indépendants depuis 1970
- guerre d'indépendance
- troubles graves

• L'émergence du tiers monde

- conférence de Bandoung 1955
- conférence de Belgrade 1961

Un monde bipolaire, 1947-1991

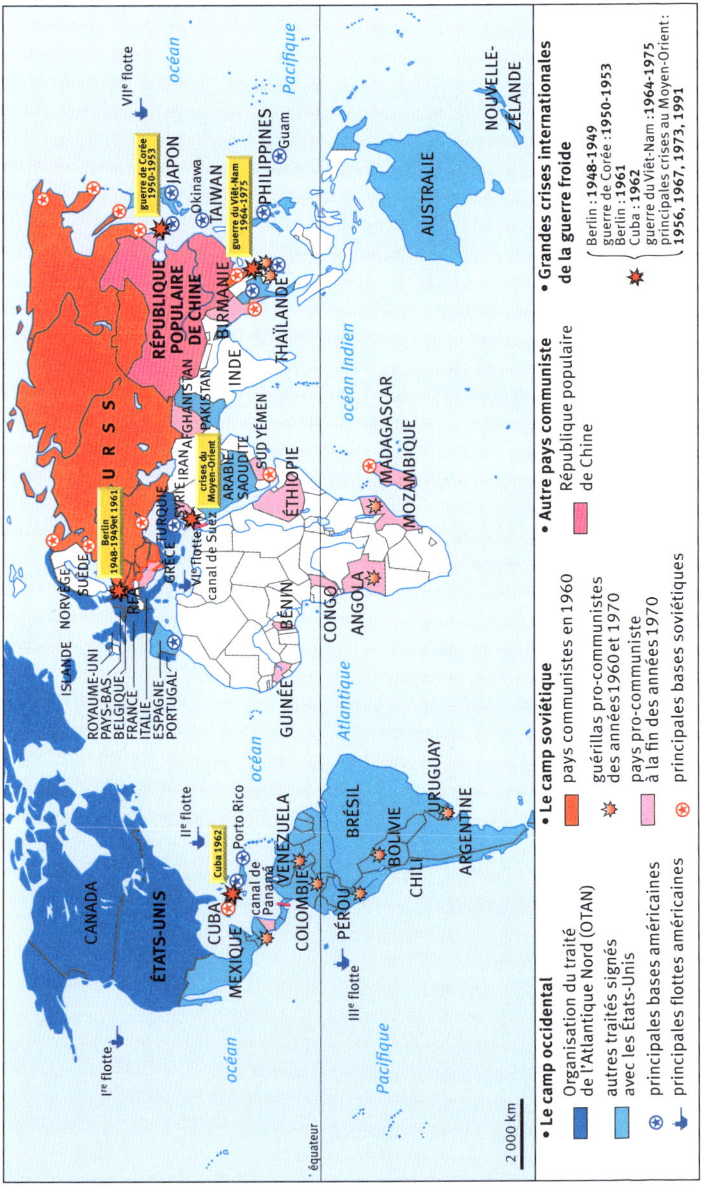

Géographie

Au cours de l'épreuve d'histoire-géographie-enseignement moral et civique du Brevet, il te sera demandé de localiser sur un fond de carte des repères inscrits au programme de géographie.

Voici la liste de ces repères (les repères étudiés à l'école primaire figurent en italique) :

1. *Les continents et les océans,* les grands fleuves, *les grands traits du relief* (principales chaînes de montagnes et grandes plaines), *et les principales zones climatiques de la planète.*
2. *Les principaux foyers de peuplement et les espaces faiblement peuplés de la planète ;* les cinq États les plus peuplés du monde.
3. Les dix métropoles mondiales les plus peuplées et les pays où elles se situent.
4. Trois pays parmi les plus pauvres du monde, trois grands pays émergents, les trois principaux pôles de puissance mondiaux.
5. Deux grandes aires de départ et deux grandes aires d'arrivée des migrants dans le monde.
6. Deux espaces touristiques majeurs dans le monde.
7. Les mégalopoles (Nord-Est des États-Unis, Japon, Europe).
8. Le territoire de la France (métropolitain et ultramarin).
9. Les principaux espaces de la francophonie.
10. *Les montagnes, les grands fleuves, les domaines bioclimatiques et les façades maritimes du territoire national.*
11. Les dix premières aires urbaines du territoire français *(les principales villes).*
12. *Les régions françaises.*
13. *Les États de l'Union européenne* et leurs capitales.
14. Les villes où siègent les institutions de l'Union européenne.
15. Les dix principales métropoles européennes.

Un territoire sous influence urbaine

La superficie de l'espace urbain* progresse ; les villes occupent désormais 22 % de la superficie métropolitaine et accueillent plus de 80 % de la population. On parle d'**aire urbaine** qui comprend les villes, les banlieues, ainsi que les communes rurales dont au moins 40 % de la population active travaille dans l'aire urbaine.

1 Urbanisation et dynamiques urbaines

A L'urbanisation en France

• La population vit à 80 % dans un espace à dominante urbaine. Par ailleurs les villes s'étalent. Avec la **périurbanisation*** et la **rurbanisation***, la limite entre ville et campagne devient imprécise. Cet étalement urbain est dû au moindre coût des terrains, des communications plus rapides, l'aspiration à la propriété d'une maison individuelle, et l'agrément d'un cadre de vie plus rural.

• Près de la moitié des communes en France est située en zone rurale et accueille près de 12 % de la population sur 59 % du territoire.

• L'urbanisation n'est pas régulière et uniforme. Forte dans les années 1950 et 1960, elle a ralenti ensuite. Depuis les années 1980, on assiste à un retour de la croissance des grandes **agglomérations***.

> *Info-clé*
>
> La grande majorité de cette population rurale travaille en ville et se comporte comme un citadin.

• Le réseau urbain* est caractérisé par le poids écrasant de Paris (l'aire urbaine* de la **capitale** abrite plus de 12 millions d'habitants, alors que la 2e, Lyon, en compte un peu plus de 2 millions) et un déséquilibre Est-Ouest (*cf.* **carte p. 80**).

B Des dynamiques internes

• Les villes françaises présentent une organisation générale commune : un centre et des périphéries. Ces espaces ont connu des changements liés aux exigences de la mobilité, de la **tertiarisation*** de l'économie, et de la périurbanisation*.

• Le **centre** est le cœur historique de la ville. Les zones piétonnières s'y sont développées. Les commerces tentent de résister à la concurrence des centres commerciaux périphériques. Parfois, de nouveaux centres directionnels apparaissent proches des anciens (ex. : La Défense à Paris, Euralille à Lille, La Part-Dieu à Lyon…).

• Les **espaces périphériques** forment un tissu urbain complexe : quartiers d'habitations (tours ou barres, zones résidentielles pavillonnaires), zones d'activités diversifiées où se côtoient des industries, des écoles spécialisées, des technopôles, des centres commerciaux et des entrepôts le long des axes de communication.

• L'**étalement urbain** engendre des déplacements importants pour les populations qui utilisent un réseau saturé aux heures de pointe. Les **déplacements pendulaires** sont considérables.

2 | Les villes structurent le territoire national

A Des villes hiérarchisées

• Les **pôles urbains** se hiérarchisent en fonction de leur taille et des biens et des services qu'ils fournissent à leur population. Plus le pôle est important, plus l'espace qui dépend de son agglomération* est important.

• Au niveau inférieur, se trouvent les petites villes réparties sur l'ensemble du territoire. Elles possèdent des commerces de base et des services élémentaires (santé, enseignement, administration). Elles possèdent une ou plusieurs activités de production.

• Les villes moyennes présentent des situations diverses. Les activités sont plus nombreuses et les équipements spécialisés parfois étendus (ex. : université, hôpital, tribunal, centre administratif...).

• Enfin, **Paris** centralise les administrations de l'État, les sièges sociaux des grandes entreprises et des FTN*, des laboratoires de recherche, des établissements d'enseignement supérieur... Paris détient aussi des fonctions tertiaires d'importance mondiale (ville mondiale*).

B Des systèmes urbains régionaux variés

Le réseau urbain* français est déséquilibré. Les Français sont attirés par les aires urbaines ensoleillées (**héliotropisme***) et littorales de l'Ouest et du Sud.

Teste-toi !

Corrigés p. 104

A. Quelle part de la superficie métropolitaine est occupée par les villes ?

B. Pourquoi peut-on dire que la société française est « majoritairement urbaine » ?

C. Pourquoi les villes « s'étalent-elles » ?

D. Quelles sont les caractéristiques du réseau urbain français ?

E. Quelle est l'organisation traditionnelle d'une agglomération ?

Les espaces industriels

La France est la 6e puissance industrielle au monde. L'intégration aux marchés extérieurs (mondialisation) exige une modernisation de l'appareil productif qui conduit à une tertiarisation* de l'industrie. Les espaces industriels sont marqués par ces transformations.

1 Une industrie ouverte sur le monde

A Une modernisation de l'appareil productif

• De 1945 à la première moitié des années 1970, l'industrie est le moteur de la croissance économique française. Mais la France connaît un ralentissement de la production et de l'emploi industriels suite au choc pétrolier de 1973 puis à partir de la fin des années 1990.

• Les difficultés touchent l'industrie traditionnelle, mais aussi l'automobile, l'électronique ou l'électroménager. Ces dernières industries sont fortement concurrencées par les États-Unis, le Japon et les nouveaux pays industrialisés d'Asie (NPIA) et l'Allemagne. Les **coûts de production** sont devenus trop élevés.

> **Exemple-clé**
> L'industrie traditionnelle se compose de la sidérurgie, des usines de textiles, des chantiers navals…

• Ces industries doivent s'automatiser ou se délocaliser pour bénéficier de coûts de production moins élevés. Ces restructurations engendrent une **hausse du chômage**.

B L'industrie française participe à la mondialisation

• Au milieu des années 1980, grâce à l'innovation et à la **recherche-développement***, l'industrie française exporte de l'armement (ex. : Dassault), du matériel ferroviaire (ex. : Alstom), de l'aéronautique et de l'aérospatiale (ex. : Airbus group), la chimie-pharmacie, le traitement des eaux (ex. : Veolia), la maîtrise du nucléaire (ex. : Areva), etc.

• Pour faire face à la concurrence et pouvoir investir plus, les entreprises françaises se regroupent davantage entre elles ou avec des entreprises étrangères (ex. : Renault-Nissan, groupe Stellantis avec Peugeot). Grâce aux investissements (IDE*), l'industrie française contrôle près de 16 000 filiales.

2 Les espaces industriels

L'opposition entre une France du Nord et de l'Est industrielle, et une France du Sud et de l'Ouest sous-industrialisée s'est atténuée depuis le début des années 1980 (*cf.* **carte p. 81**).

A La reconversion des vieilles régions industrielles

• Les vieilles régions industrielles correspondent aux régions qui ont connues la première industrialisation* du XIXe siècle. Les industries sont alors installées près des bassins miniers (charbon, minerai de fer) du Nord-Pas-de-Calais, du Nord de la Lorraine, du Creusot, de Saint-Étienne.

• Durement touchées par la crise des années 1970, ces régions ont su **attirer des investisseurs** étrangers et diversifier leurs activités industrielles. Toutefois, ces régions ont des difficultés à retenir l'emploi industriel même si celui-ci n'a pas disparu.

> **Remarque**
> Les efforts de reconversion restent soumis aux aléas économiques.

B Les grandes régions industrielles

• Aujourd'hui, la région **Auvergne-Rhône-Alpes** compte plus de salariés dans le secteur de l'industrie que l'Île-de-France. La 1re région industrielle de France (près de 13 % des emplois industriels) est dominée par les industries chimiques, métallurgiques et automobiles de haute technologie qui se situent près des grandes agglomérations* (Lyon, Grenoble).

• Seconde région industrielle de France avec près de 14,3 % des emplois industriels nationaux, l'**Île-de-France** présente une gamme complète d'industries (métallurgie, automobile, industries de haute technologie...). Avec la volonté de décentralisation* menée par l'État, l'agglomération parisienne perd des activités industrielles au profit du Centre et de la Haute-Normandie. Les entreprises y trouvent un bassin d'emplois bien formé et la proximité de la dorsale européenne*.

C Les régions industrielles dynamiques du Sud et de l'Ouest

Les régions du Sud et de l'Ouest attirent, depuis les années 1970, des industries de haute technologie (aviation à Toulouse) ou de montage de pièces. Les premiers **technopôles** près des métropoles régionales se sont installés dans ces régions (ex. : Sophia-Antipolis à Nice en 1969).

Teste-toi !

Corrigés p. 104

A. Comment les industries s'adaptent-elles à la crise qui commence en 1973 ?
B. Comment se manifeste l'attraction de la France pour les industries étrangères ?
C. Qu'appelle-t-on « les vieilles régions industrielles » ?
D. Quelle est la 1re région industrielle française ?
E. Quelles sont les régions qui ont bénéficié du redéploiement industriel ?

Les espaces agricoles

Troisième exportateur de produits agricoles européen et 1er producteur européen, la France est un grand pays agricole.

1 | Des espaces agricoles de plus en plus spécialisés

A Une agriculture moderne

• Avec moins de 1 % des terres agricoles mondiales, la France possède une **capacité de production** agricole remarquable. La modernisation de l'agriculture française depuis les années 1950-1960 a permis à la France d'être auto-suffisante, et aux agriculteurs d'augmenter leurs revenus. Les exploitations agricoles se sont agrandies, transformant les paysages agricoles et faisant évoluer les techniques agricoles : acquisition de matériels de culture et d'élevage (mécanisation), utilisation d'engrais et de pesticides, développement de l'irrigation, sélection des espèces animales et végétales par l'INRA (Institut national de la recherche agronomique).

> **Info-clé**
> La superficie moyenne des exploitations agricoles est actuellement de 61 ha.

• Cette **agriculture intensive*** nécessite des capitaux. En « amont », des entreprises fournissent les machines, les engrais, les aliments pour le bétail, tandis qu'en « aval », les industries agroalimentaires transforment la production. Les agriculteurs sont intégrés à une chaîne agro-industrielle.

• La « **politique agricole commune** » (PAC) garantit des prix et la protection des marchés européens assure aux agriculteurs français la vente de leur production. Les consommateurs trouvent des produits alimentaires bon marché transformés par les industries agroalimentaires et vendus par la grande distribution.

B Des exploitations de plus en plus concentrées

• Beaucoup d'agriculteurs n'ont pas pu réaliser les investissements nécessaires à cette modernisation. Les exploitations familiales meurent par manque de successeurs. Les exploitations sont de moins en moins nombreuses et de plus en plus étendues. Dans les régions de montagne où l'agriculture productiviste est la moins adaptée, les **friches** progressent.

• Cette concentration s'accompagne d'une **spécialisation** des régions (*cf.* **carte p. 82**) :

– les cultures de céréales et de plantes industrielles couvrent le Bassin parisien, les plaines du Nord et une partie du Sud-Ouest ;

– l'élevage pour la production de lait et de viandes prédomine dans l'Ouest, le Limousin, et les espaces de moyennes montagnes ;

– les cultures spécialisées (vignobles, cultures maraîchères, fruitières) forment des îlots de cultures intensives dans les vallées du Rhône, de la Garonne, du Val de Loire et des plaines méditerranéennes et littorales.

Info-clé

La Bretagne est la 1re région d'élevage laitier et d'élevage hors sol de volailles et de porcs.

2 Vers un autre modèle agricole ?

A Un système remis en cause

• L'agriculture intensive nécessite de lourds investissements. Les agriculteurs ont dû s'endetter. Dans le même temps, l'UE y consacre une part importante de son budget, alors qu'il y a de moins en moins d'agriculteurs. Depuis le début des années 1950, le nombre d'exploitations a été divisé par 5.

• Aussi, à partir de 1992, l'Union européenne tente de **limiter les subventions** aux agriculteurs et d'aider les exploitations en difficulté. Le respect de l'environnement et le maintien d'agriculteurs sur les territoires deviennent de nouveaux enjeux.

B De nouvelles voies possibles

• Les opinions publiques sont de plus en plus sensibles à l'**environnement** : pollution des eaux, pompage des nappes phréatiques... Par ailleurs, les consommateurs deviennent méfiants quant à l'usage des pesticides ou la condition animale.

• La France et l'UE souhaitent mettre l'accent sur la qualité des produits, le respect de l'environnement et la valorisation des paysages (« **agriculture durable** »). L'agriculture biologique ou l'agriculture **labélisée*** se développent mais restent marginales.

Teste-toi !

Corrigés p. 104

A. Pourquoi peut-on dire que la France est un grand pays agricole ?

B. Quelles sont les craintes des consommateurs ?

C. Quelles sont les nouvelles agricultures envisagées par la France et l'UE ?

Les espaces de production et de services

Fiche 22

Géographie

1 | Le poids du secteur tertiaire

A Un secteur clé

• Le secteur tertiaire regroupe l'ensemble des activités de services* aux entreprises et aux particuliers. Il occupe près de 75 % de la population active et produit environ les 3/4 de la richesse nationale. Ce secteur crée, par ailleurs, de nombreux emplois, notamment dans les services marchands*.

> **Info-clé**
> La France est le 2e exportateur mondial de services (tourisme, assurances, banques).

• Ce secteur est stimulé par le développement de la **sous-traitance**. Les fonctions péri-productives* des entreprises sont confiées à des sociétés spécialisées (gardiennage, nettoyage, comptabilité, transporteurs, communications...). La généralisation du travail féminin a fourni de la main-d'œuvre et généré de nouveaux services. L'augmentation du niveau de vie a engendré la création d'emplois dans les loisirs. Enfin, les services publics non marchands se sont développés.

B Des acteurs multiples

• Les acteurs du secteur tertiaire sont nombreux. Les services peuvent être assurés par des personnes travaillant à leur propre compte ou par des **groupes spécialisés** (banques, assurances...).

• L'**État** fournit des services non marchands financés par l'impôt : l'éducation, la justice, la santé, la police et l'armée. L'État peut décider de déplacer ou de supprimer certains services de proximité, dans les régions les moins peuplées (*cf.* **fiche 24**).

2 | L'empreinte des services dans les paysages

A Un secteur concentré dans les agglomérations

Les emplois tertiaires sont inégalement répartis sur le territoire. Plus un territoire est densément peuplé, plus les services proposés sont nombreux, diversifiés et pointus. C'est le cas du **tertiaire supérieur**, qui se concentre dans les métropoles, et plus particulièrement à Paris. Le secteur tertiaire entraîne une **hiérarchisation des agglomérations** (*cf.* **fiche 19**).

B Des paysages marqués par les services

• Certains services marquent les paysages, comme les **transports** et le **tourisme***. Ainsi, des routes rurales peuvent être réhabilitées en routes touristiques comme les routes des vignobles, les bords de fleuve. Certaines routes deviennent des attractions paysagères (ex. : le viaduc de Millau).

• Les paysages du tourisme* sont de deux ordres. Les premiers sont des **paysages patrimoniaux** (ex. : Mont-Saint-Michel, châteaux de la Loire, pointe du Raz...) qu'il a fallu aménager pour accueillir des touristes. Les seconds, qui ont été aménagés, se trouvent le long des littoraux ou en montagne : le littoral languedocien a ainsi été aménagé dans les années 1960 pour accueillir un tourisme de masse, tandis que des stations de sports d'hiver ont été créées artificiellement dans le cadre du « plan neige » de 1960 (ex. : Les Menuires dans les Alpes).

Remarque

Ces paysages de transports concernent aussi les voies ferrées (territoires ruraux ou urbains), les aéroports et les ports.

3 | Le tourisme

A Un secteur fondamental

• En France, le tourisme est un secteur économique fondamental. Il représente **7 % du PIB** et emploie un peu moins de 1 million de personnes. La France est la 1re destination touristique mondiale.

• La France possède une situation géographique privilégiée, des paysages variés, une tradition touristique, un patrimoine culturel et historique mis en valeur... La France peut proposer de multiples tourismes : balnéaire, de montagne, rural, culturel (ex. : Paris, châteaux de la Loire...), religieux (ex. : Lourdes), de mémoire (ex. : Caen).

B Un secteur fragile

Le tourisme est une **activité fragile**. Un peu plus de 6 Français sur 10 partent en vacances, mais ce taux est à nuancer en fonction des catégories socioprofessionnelles (CSP) et des niveaux de vie. Le tourisme est aussi dépendant du contexte international. Ainsi, la France accueille plus ou moins de touristes en fonction des risques d'attentats.

Teste-toi !

Corrigés p. 104

A. Quelles activités regroupe le secteur tertiaire ?

B. Quels sont les acteurs de ce secteur d'activités ?

C. Quels sont les territoires les plus attractifs pour les services ?

D. Quelle est la part du tourisme dans l'économie française ?

E. Quels sont les types de tourismes développés en France ?

Les espaces de faible densité

1 L'espace français

A Une originalité

Avec un peu moins de 118 habitants au km² en 2019 (67 millions d'habitants sur 551 000 km²), la France métropolitaine semble être un pays assez faiblement peuplé en Europe. La faible densité apparaît plutôt comme une originalité au sein de l'ensemble Nord-Ouest européen.

B Les espaces de faible densité

En France, on qualifie aujourd'hui d'**espaces de faible densité** ceux qui comptent moins de 30 hab./km². Ils sont marqués par la rareté des hommes et le plus souvent aussi par celle des ressources financières pour les collectivités concernées. 42 % des communes françaises sont ainsi des communes de faible densité et 10 % forment la sous-catégorie des **communes désertifiées**.

> **Remarque**
> Les espaces où la densité est inférieure à 10 hab./km² sont qualifiés d'espaces désertifiés.

2 Des espaces très divers

A Des espaces non homogènes

Les espaces de faibles densités sont variés : zones de montagne, plateaux agricoles (Champagne), régions intérieures (Bretagne, Landes...) (*cf.* **carte p. 80**) ; et vivent des mutations permanentes. Ils n'appartiennent pas tous à la catégorie de « campagne fragile » et peuvent se rencontrer dans les **campagnes périurbaines***. Un espace isolé de haute montagne n'a de commun avec un vaste plateau agricole que sa situation d'espace de faible densité. Ainsi, la faible densité ne doit pas être confondue avec la **notion d'espace défavorisé**.

B Une diagonale du vide ?

- Près de 4 millions de personnes vivent aujourd'hui dans les espaces de faible densité dont 0,5 million dans les espaces désertifiés. Ces espaces ont une faible croissance démographique essentiellement liée au solde migratoire. Certains connaissent un phénomène de repeuplement : plus ils sont ruraux, plus ils ont tendance à attirer les populations.
- Ce phénomène touche de façon inégale les espaces de faible densité. La **diagonale du vide** (large bande du territoire français de faible

densité démographique allant de la Meuse aux Landes) traverse la France (*cf.* **carte p. 80**). Si sa partie Sud-Ouest connaît une légère augmentation de sa population, sa partie Nord-Est poursuit la tendance à la désertification.

3 | Des espaces attractifs

A Des populations diversifiées

• Il ne faut donc pas associer faible densité et **exode rural***. La faible densité peut manifester, au lieu d'un abandon, un certain équilibre. Il est possible d'associer faible densité et **attractivité** (espace disponible, tranquillité, rapport privilégié à la nature).

• Le phénomène de **rurbanisation*** concerne aussi les espaces faiblement peuplés. Ceux-ci constituent des lieux de vie, permanents ou temporaires pour des populations variées (natifs, rurbains, urbains possédant une résidence secondaire).

B Des activités multiples

• Les activités économiques peuvent être regroupées en trois domaines. L'**agriculture** est l'activité traditionnelle. La **sylviculture** (gestion et exploitation de la forêt), également considérée comme une activité traditionnelle, connaît un nouvel essor. Enfin, la **production d'énergie** est réapparue récemment : l'exploitation des biocombustibles agricoles et forestiers, le développement de la production d'énergie par l'éolien et le photovoltaïque ont multiplié les potentiels et donné un intérêt nouveau à ces espaces.

• D'autres activités tentent de se développer. La préservation des ressources, l'entretien de certains paysages, la gestion de la biodiversité, la protection contre les risques naturels, etc. créent de nouveaux métiers au sein de ces espaces. Les **activités de loisirs** enfin, fondées sur la valorisation des ressources patrimoniales, culturelles et naturelles, constituent un autre secteur privilégié dans l'économie de ces territoires.

Teste-toi !

Corrigés p. 104

A. Qu'est-ce qu'un espace de faible densité ?

B. Cite des exemples de régions où se situent des espaces de faible densité.

C. Combien de Français métropolitains vivent dans ces espaces ?

D. Qu'est-ce que la « diagonale du vide » ?

E. Cite trois activités économiques au sein de ces espaces.

L'aménagement du territoire français

Fiche 24

Géographie

1 | Un territoire aménagé

A L'État aménage le territoire

• C'est à partir de 1963 que la **DATAR** aménage le territoire*. Plusieurs objectifs sont définis : rééquilibrage entre Paris et les autres agglomérations* (création des métropoles d'équilibre, 1965), entre une France industrielle (à l'est d'une ligne Le Havre-Paris-Lyon-Marseille) et une France plus rurale (à l'ouest et au sud de cette même ligne), rénovation et reconversion des espaces industriels traditionnels (*cf.* **fiche 20**), aide aux régions menacées de dépeuplement.

• Depuis les lois de décentralisation* (1982), les **collectivités territoriales*** sont devenues un acteur de l'aménagement du territoire. Des **acteurs privés** peuvent s'associer à des acteurs publics pour des aménagements autour d'un projet de territoire. L'**UE** participe aussi au financement. Les aménagements concernent le rééquilibrage territorial (construction d'infrastructures, incitation au développement économique), mais aussi la protection environnementale (*cf.* **carte p. 83**).

B Un territoire organisé

• L'économie française est principalement tournée vers les **services*** (*cf.* **fiche 22**). La plupart des activités se concentrent dans les grandes agglomérations. Ces zones urbaines ont également connu un fort étalement urbain (*cf.* **fiche 19**). Les services sont inégalement répartis : dans certaines zones, souvent rurales, ils sont moins présents.

• Cette concentration des activités et des fonctions de commandement dans certains centres urbains est la marque, à l'échelle du territoire, de la mondialisation*. C'est la **métropolisation***.

• Le territoire s'organise ainsi autour des métropoles. Un réseau dense et maillé de transports et flux, combinant route, rail, avion ou télécommunications, relie les métropoles entre elles. Sur les littoraux et les espaces frontaliers, se trouvent d'autres territoires dynamiques.

2 | Une France encore déséquilibrée ?

A De fortes inégalités territoriales

• Les espaces dynamiques, principales zones de production de richesse, reçoivent la majorité des investissements, notamment des **IDE***, tandis que de nombreux espaces sont moins intégrés économiquement. Ces **espaces en marge** sont caractérisés par un accès limité aux services* (transports et communications). Le manque d'infrastructures limite l'intégration de ces territoires.

• À l'échelle locale, des **déséquilibres** apparaissent : des quartiers dynamiques peuvent jouxter des zones plus défavorisées. Face à ces inégalités, des politiques publiques ont été mises en place (ex. : la politique de la ville).

B La compétition entre les territoires

• Le développement de la compétitivité des territoires* et la recherche de l'excellence est un thème qui revient dans toute l'UE depuis les années 2000. La France encourage des **pôles de compétitivité** qui permettraient à des territoires d'acquérir un rôle central dans un domaine à l'échelle nationale ou mondiale. Ces actions sont impulsées au niveau national par les Comités interministériels d'aménagement et de compétitivité des territoires (CIACT, ANCT, agence nationale pour la cohésion des territoires, depuis 2020) et gérées par la DATAR. Ainsi, la DATAR impulse et coordonne les politiques d'aménagement du territoire menées par l'État et accompagne les mutations économiques en privilégiant une approche de la compétitivité.

• L'aménagement du territoire concerne aussi d'autres ministères et actions : Fonds national de développement des entreprises (FNDE), politique des transports (surtout ferroviaires), gestion de l'espace rural, actions en faveur des PME-PMI*, enseignement supérieur...

Teste-toi !

Corrigés p. 104

A. À partir de quand peut-on parler d'« aménagement du territoire » ?

B. Quel est le principal objectif de l'aménagement du territoire ?

C. Quels sont les principaux acteurs de l'aménagement du territoire ?

D. Qu'est-ce que la « métropolisation » ?

E. Quel est l'objectif des pôles de compétitivité ?

L'Union européenne : un nouveau territoire

Fiche 25

Géographie

1 La construction européenne

A Une volonté de coopération économique

• Dès 1951, 6 États (RFA, France, Italie, Belgique, Pays-Bas et Luxembourg) forment la **CECA*** pour assurer la libre circulation du charbon et l'acier.

• Ces mêmes États signent, en 1957, le **traité de Rome** qui fonde le Marché commun ou CEE (Communauté économique européenne), et l'**Euratom** (Accord pour le développement de l'énergie atomique). Ils prévoient la libre circulation des marchandises, des services, des capitaux et des personnes au sein de la CEE (***cf.* fiche 13**).

B L'élargissement de la CEE et de l'Union européenne

• Les premiers succès de la CEE lui valent la demande d'adhésion de plusieurs États. De nouveaux partenaires adhèrent au **Marché commun** en 1973 (Danemark, Irlande et Royaume-Uni), 1981 (Grèce) et 1986 (Espagne et Portugal).

• En 1995, 3 nouveaux États accèdent à l'UE (Autriche, Finlande et Suède). La signature d'accords bilatéraux avec certains pays d'Europe centrale et orientale (Pologne, République tchèque, Slovaquie, les 3 États baltes, Slovénie et Hongrie) et la candidature officielle d'autres États (Chypre, Malte et Turquie), annoncent l'élargissement prochain de l'Union. L'entrée de 10 d'entre eux, à l'exception de la Turquie, est effective en 2004. Puis 3 nouveaux États intègrent l'UE : la Bulgarie et la Roumanie en 2007, la Croatie en 2013 (***cf.* carte p. 84**). L'adhésion de la Turquie semble s'éloigner, tandis que le référendum en faveur du « **Brexit*** » (juin 2016) a entériné la sortie du Royaume-Uni de l'UE (31 janvier 2020).

2 Une union de plus en plus poussée

A Schengen et l'Acte unique

• En juin 1985, plusieurs États de la CEE signent des **accords à Schengen** (Luxembourg) qui prévoient l'abolition des contrôles aux frontières et des règles communes sur l'entrée et le séjour des ressortissants n'appartenant pas à la Communauté européenne. Ces accords, complétés en 1990, entrent en vigueur en 1995 et ne s'appliquent pas à tous les États de l'UE.

• L'Acte unique signé en 1986 renforce le pouvoir des organismes communautaires (Conseil des ministres, Parlement, Commission) pour rendre plus efficaces les prises de décision.

B Depuis 1992

Le **traité de Maastricht** (1992) permet la création d'un marché unique (***cf.* fiche 13**). Depuis, les traités d'Amsterdam (1997), de Nice (2001) et de Lisbonne (2007) réaffirment les objectifs du traité de Maastricht.

3 Une union contrastée

A De fortes inégalités régionales

• De Londres à l'Italie du Nord, en passant par l'axe rhénan, se concentrent les principales métropoles, les activités industrielles et de recherche, une main-d'œuvre abondante et qualifiée. C'est le cœur économique de l'Europe, appelé aussi « centre » ou « **dorsale européenne*** ».

• À l'échelle mondiale, l'UE est un pôle économique majeur avec un marché dynamique influent politiquement et culturellement. L'UE a réussi à construire une union solide entre des États démocratiques. Elle représente également un espace de liberté grâce à sa charte des droits fondamentaux.

> **Info-clé**
>
> L'Union européenne était constituée de plus de 500 millions d'habitants en 2015, avant le retrait du Royaume-Uni (65 millions d'habitants).

B Aider les régions en difficulté

• Depuis 1974, l'UE mène une politique de lutte contre les inégalités régionales (régions en retard économique, pays en reconversion* industrielle...). Le Fonds européen de développement économique et régional (**FEDER**) finance ainsi le développement d'infrastructures, ainsi que des actions pour l'éducation, la santé et la recherche. Le Fonds social européen (**FSE**) finance la formation professionnelle et l'aide à l'emploi. Cette politique s'est accrue depuis 1992 et la création du Fonds de cohésion a aidé les pays les moins riches de l'UE.

Teste-toi !

Corrigés p. 104

A. Qu'est-ce que l'« Euratom » ?

B. Que sont les « accords de Schengen » ?

C. Pourquoi le traité de Maastricht est-il fondamental pour l'évolution de la CEE ?

D. Qu'est-ce que le « centre » de l'UE ?

E. Comment se manifeste la « solidarité » européenne ?

La France dans l'Union européenne

Fiche 26

Géographie

La France est un isthme* entre le nord et le sud de l'Europe, ainsi qu'un finistère à son extrémité occidentale.

1 | La France : un carrefour de l'Union européenne

A Une situation européenne favorable

> **Info-clé**
> La France produit près d'1/4 des richesses de l'Union européenne.

• Avec l'agglomération* parisienne et les régions septentrionales*, la France fait partie de l'espace européen le plus dynamique : le **cœur de l'Europe**. Cet espace concentre 20 % de la population européenne.

• La France est le seul État membre de l'UE avec de 3 façades maritimes (mer du Nord, océan Atlantique et mer Méditerranée), tout en étant ouverte à l'Est sur le continent européen. Avec la création de l'**espace Schengen**, les mobilités des biens et des personnes se sont développées.

• Ainsi, de nombreux Français travaillent dans les pays limitrophes comme le Luxembourg, la Belgique, la Suisse ou l'Allemagne. Des régions attirent des investissements européens : région Hauts-de-France et agglomération lilloise, région Auvergne-Rhône-Alpes et agglomération lyonnaise, Alsace et agglomération strasbourgeoise.

B Se déplacer en France et en Europe

• Les trois **modes de transports rapides** (TGV, avion, automobile) révolutionnent les manières de se déplacer, modifient les échanges économiques et imposent leur marque sur les paysages français et européens.

• La France a dû repenser, dans le cadre de l'UE, l'organisation de son réseau de transports.

• Le réseau des communications ferroviaires, né de l'industrialisation* du XIXe siècle et construit autour de Paris (en étoile), s'est connecté progressivement au réseau européen avec la construction des lignes à grande vitesse (LGV). Ce mouvement commencé dès 1981 (ligne Paris-Lyon), s'est développé par étapes (TGV Atlantique, TGV Rhône-Alpes, LGV Est...). Les **projets trans-européens** se poursuivent. Ainsi, la LGV Est a pour ambition de joindre Paris à Bratislava en Slovaquie. Le réseau à grande vitesse permet à la France de s'intégrer au cœur de l'UE, mais des régions à l'écart de la desserte du TGV souffrent de l'« **effet tunnel*** ».

• Le **réseau aérien** français est également connecté à l'Europe et au monde, notamment grâce à l'aéroport de Roissy-Charles-de-Gaulle, 2e plate-forme de correspondances (hub*) d'Europe derrière Londres.

Remarque

Avec une quarantaine d'aéroports en métropole, plus de 170 millions de passagers ont transité sur le territoire français en 2023.

• Enfin, le **réseau autoroutier** français est également connecté au reste de l'Europe. Le transport routier engendre des nuisances à l'environnement. La combinaison des modes de transports (routiers, ferroviaires, voire fluviaux) tend à se développer. Deux lignes de **ferroutage** existent en France : la ligne Perpignan-Luxembourg et l'autoroute ferroviaire alpine qui relie la France à l'Italie.

2 | La gestion de l'environnement à l'échelle européenne

A Le développement durable

• La France dispose d'une grande variété de paysages et de milieux à protéger. Elle dispose d'une législation qui s'est renforcée depuis le **Grenelle de l'environnement** en 2008.

• L'UE applique des normes environnementales parmi les plus strictes au monde. Ses priorités sont : la protection des espèces et des habitats menacés et l'utilisation efficace des ressources naturelles. En délimitant des zones **Natura 2000**, l'UE définit des zones ayant une grande valeur patrimoniale par leur faune et leur flore.

B La gestion des risques

Des politiques de gestion du risque technologique sont mises en place à l'échelle européenne. Ainsi, la **directive « Seveso »** (1982) impose aux États membres d'identifier les sites industriels présentant des risques majeurs* d'accidents.

Teste-toi !

Corrigés p. 105

A. Pourquoi dit-on que la France est située « au cœur de l'Europe » ?

B. Par quel type de liaison ferroviaire la France s'intègre-t-elle à l'UE ?

C. Qu'est-ce que le « ferroutage » ?

D. Qu'est-ce que la « directive "Seveso" » ?

La France dans le monde

Fiche 27

Géographie

1 La France ultramarine

A Une originalité géographique

• Toutes les terres françaises d'Outre-mer, à l'exception de la Guyane et de la terre Adélie, sont des îles dispersées sur l'ensemble des océans. La plupart de ces îles sont rattachées aux arcs insulaires volcaniques.

• L'ensemble de la palette climatique est représenté depuis le climat polaire en terre Adélie jusqu'au climat équatorial en Guyane.

B Des statuts en constante évolution

• Dans le cadre de la **décolonisation** sous la IVe République (mars 1946), la Guyane, la Martinique, la Guadeloupe et la Réunion sont des départements (DOM). Mayotte, l'une des 4 îles des Comores, devient le 5e DOM en 2011. Depuis la loi de **décentralisation*** de 1982, les DOM sont devenus des régions monodépartementales (*cf.* **carte p. 85**). Ce sont des **DROM** qui sont gérés par deux assemblées : le Conseil régional et le Conseil général.

• Le reste des Territoires d'outre-mer est devenu, lors de la réforme constitutionnelle de 2003, des Collectivités territoriales (**COM**) ou des Pays d'outre-mer (POM) depuis 2004. La Nouvelle-Calédonie a un statut provisoire en attendant qu'un référendum local décide, avant 2018, de son indépendance ou de son maintien dans la République.

C Une place particulière

Les DROM sont dépendants de la Métropole. Le secteur tertiaire public et la politique sociale y sont très développés. Les DROM font d'ailleurs partie des **Régions ultra-périphériques** (RUP), partie intégrante de l'Union européenne, qui reçoivent des aides communautaires.

D La participation à la puissance française

• Avec ses terres ultramarines, la France est un pays maritime qui dispose d'une immense zone économique exclusive (**ZEE**). Elle est au 2e rang des pays maritimes dans le monde avec 10 millions de km^2 (*cf.* **carte p. 85**). Ces étendues océaniques sont exploitées pour ses ressources halieutiques* et ses hydrocarbures.

• La France participe aussi aux conférences internationales portant sur le **continent antarctique** (continent reconnu comme propice à la recherche scientifique et à la coopération internationale depuis 1959).

> **Remarque**
> Dans le cadre de sa recherche spatiale, la France a installé la base de lancement des fusées Ariane à Kourou, en Guyane.

2 | La France : un rayonnement mondial

A Une puissance politique et militaire

• Grande puissance économique manifestée par la présence aux G8 et G20 et la reconnaissance de FTN* françaises, la France tient aussi un rôle politique et militaire. C'est un membre permanent du Conseil de sécurité de l'ONU et un membre actif des organismes spécialisés, comme l'UNESCO. **Puissance nucléaire**, la France dispose de militaires répartis sur l'ensemble du globe. Ses forces armées participent aux missions internationales de maintien de la paix dans le cadre de l'ONU ou de l'OTAN* (***cf.* carte p. 85**).

• La France est un pays engagé dans les politiques d'aide et de développement économiques par la signature d'accords de coopération, notamment avec les pays d'Afrique sub-saharienne et les pays ACP*. Elle participe à des programmes humanitaires et a donné naissance à de nombreuses **ONG** (Médecins du monde).

B Un rayonnement culturel

• Le français est parlé par environ 200 millions de personnes. Il est soutenu par l'Organisation internationale de la francophonie **(OIF)** qui réunit près de 75 États membres et observateurs. Cette présence s'appuie aussi sur un réseau diplomatique, éducatif et culturel (ambassades, Alliances françaises), qui renforce l'écho de la France dans le monde. Cependant, la langue française dans le monde régresse et la culture française est de plus en plus concurrencée.

• Le rayonnement culturel s'appuie également sur les Français expatriés et l'image positive de la culture française.

Teste-toi !
Corrigés p. 105

A. Quelle est la particularité essentielle de la France ultramarine ?
B. Que sont les DROM ?
C. Quelle est la particularité de la Nouvelle-Calédonie ?
D. Cite une ONG française.
E. Combien de personnes parlent ou utilisent familièrement le français ?

Cartes de géographie

La répartition de la population en France

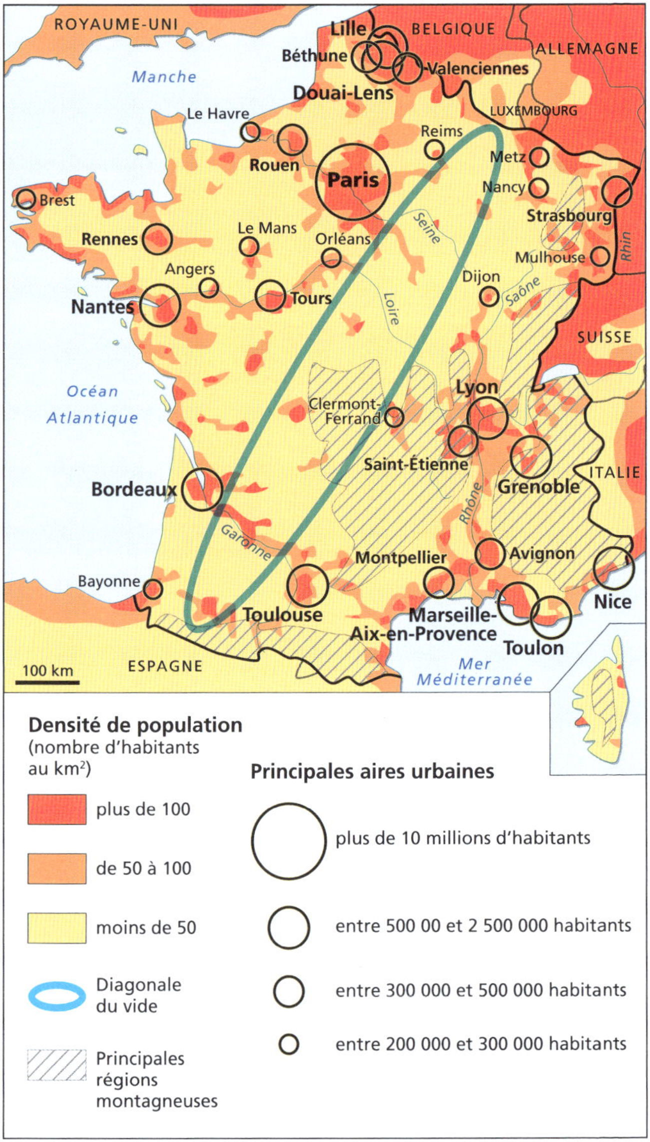

La France industrielle

Héritage en 1945

Vieilles régions industrielles

- fondées sur les ressources énergétiques et minières
- fondées sur les facteurs humains et la localisation géographique (carrefours, ports)
- régions d'industries diffuses en milieu rural

Évolution de 1945 à 1973

- importance des grands axes de circulation
- littoralisation des industries lourdes
- déconcentration et décentralisation de la région parisienne

Évolution depuis 1973

- implantation de capitaux étrangers
- technopôle
- désindustrialisation des vieilles régions manufacturières
- région industrielle du Nord-Est en perte de vitesse
- régions et pôles industriels dynamiques en France
- pôles de compétitivité (16 d'envergure mondiale)

La France agricole

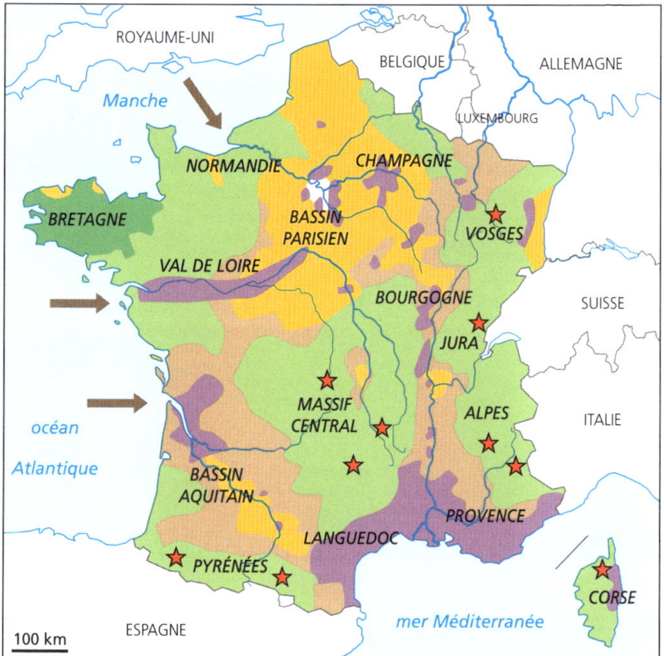

Trois systèmes agricoles dominants

- culture céréalière et industrielle (céréales, betteraves…)
- élevage
- viticulture et cultures spécialisées (fruits, légumes, fleurs)

Autre forme de mise en valeur

- élevage hors sol (porcs, volailles)
- polyculture
- lieux de déprise agricole
- importation d'aliments pour bétail

L'aménagement du territoire français

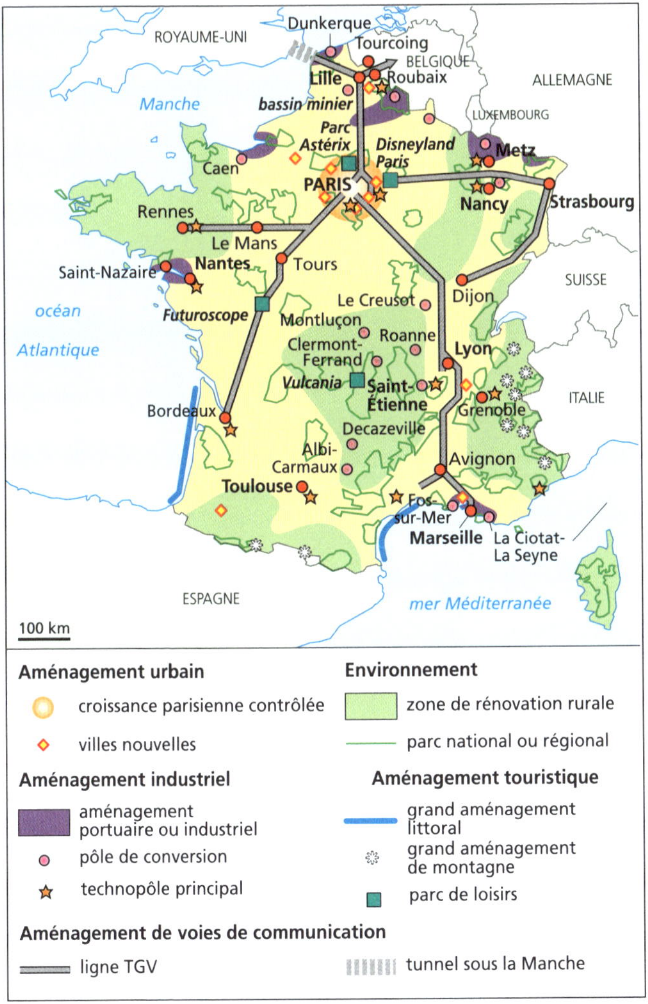

L'Union européenne, un espace politique en construction

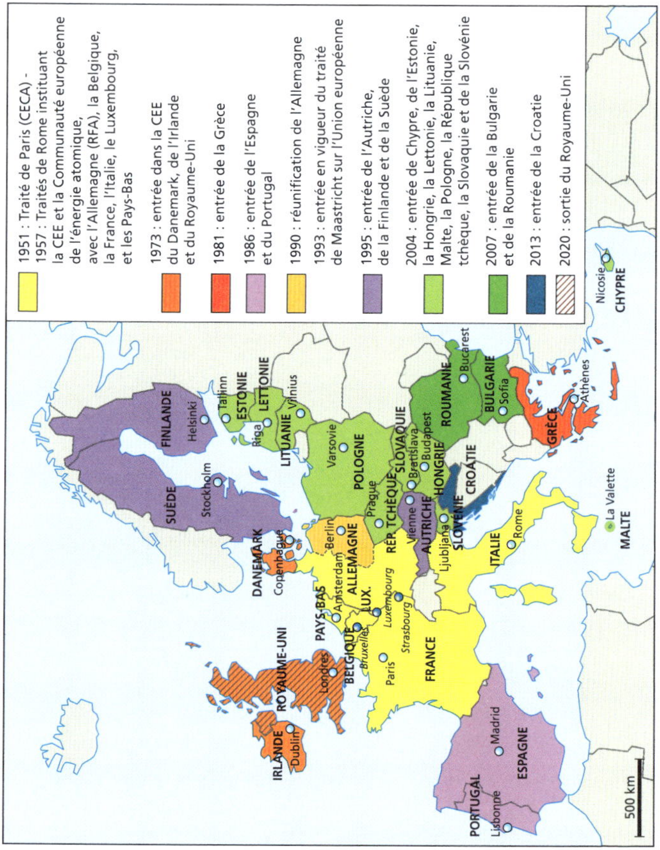

La France : une influence mondiale

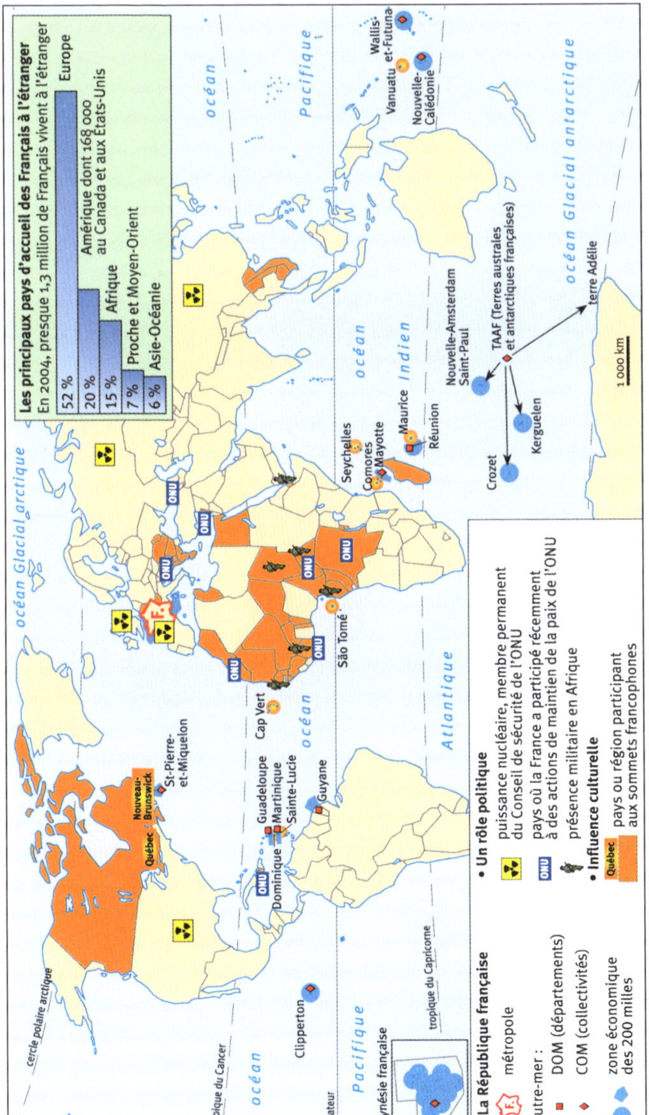

Cartes

Enseignement moral et civique

Le programme d'EMC en 3e

L'objectif premier du programme d'EMC en 3e, c'est de te préparer aux épreuves du Brevet pour assurer ton passage en seconde dans les meilleures conditions.
Bien assimiler le programme d'EMC et les thèmes et notions qu'il aborde est donc essentiel pour décrocher ton Brevet.

Le programme d'EMC est constitué de trois parties :
– **Respecter autrui**
– **Acquérir et partager les valeurs de la République**
– **Construire un culture civique**

Ce programme est en lien fort avec le programme d'histoire et de géographie.

Dans ce livre, nous avons fait le choix de le diviser en plusieurs chapitres pour clarifier les objets d'étude.
Toutefois, les objectifs restent les mêmes :
– **comprendre les liens entre la fraternité et la cohésion sociale** (droits et devoirs du citoyen) ;
– **connaître les fonctions régaliennes de l'État** (défense, diplomatie, justice, police, fiscalité) ;
– **comprendre ce qu'est une république laïque ouverte sur le monde** (francophonie) **et connaître ses valeurs.**

La question de l'opinion publique dans le débat démocratique est abordée (rôle et place du vote, de la représentation, rôle de la presse, prise en compte des espaces numériques).

Nationalité, citoyenneté française et européenne

Fiche 28

EMC

1 | La nation : une communauté de citoyens

A Naissance de la citoyenneté en France

La citoyenneté accorde à tous les individus les mêmes droits, indépendamment de leur origine, de leur religion ou de leur milieu social. C'est la Révolution française de 1789, puis les républiques successives à partir de 1792, qui ont fait de l'homme un citoyen, en le rendant acteur de la vie politique du pays.

B Citoyenneté et nation

• La citoyenneté se définit par la **nationalité** : l'appartenance à une même communauté nationale.

• La nation française s'est constituée selon la « volonté générale » (pour être français, il fallait le vouloir) et par la construction de l'État. À partir de 1789, la France est un **État-nation***.

Remarque

Les citoyens vivent ensemble sur un même territoire, unis par une culture, une langue, une organisation politique et des règles communes.

C Citoyenneté et nationalité

• Pour être citoyen, il faut posséder la nationalité française : appartenir à la communauté nationale. La citoyenneté est historiquement liée à la nationalité.

• La nationalité s'acquiert de plusieurs façons :
– soit par **filiation** ou « droit du sang » : au moins un des deux parents est français ou devient français ;
– soit par **naissance en France** ou « droit du sol » : pour une personne née en France de parents étrangers, la nationalité est acquise de plein droit à 18 ans ;
– soit par **acquisition** : « naturalisation » ou mariage. Un étranger vivant en France depuis au moins 5 ans, ou 2 ans s'il peut rendre des services à la nation (ex. : études supérieures), peut demander à être naturalisé. Un étranger marié à un conjoint français depuis au moins 2 ans peut demander la nationalité française.

• Cependant, la nationalité ne suffit pas pour obtenir la citoyenneté. La personne doit jouir de ses droits civils et juridiques*.

• Toutes les personnes qui vivent en France ne sont pas français : elles sont désignées par le terme d'« étrangers ». On distingue les étrangers Européens ou non.

2 | Droits et devoirs du citoyen

A Les droits du citoyen

• Avant d'être un citoyen, tout individu a des droits garantis par la *Déclaration des droits de l'homme et du citoyen* (1789) et la Constitution* de la Vᵉ République (1958).

• Chaque citoyen possède le **droit de vote**. Il est détenteur et dépositaire de la souveraineté nationale qu'il exerce soit directement, soit par l'intermédiaire de représentants. Le citoyen dispose de droits politiques et sociaux : la liberté d'expression, d'association, le droit à l'éducation, à la santé, etc.

> **Remarque**
> Le droit de vote est un devoir civique.

• Les **étrangers** non européens ne possèdent pas de droits politiques (ex. : droits de vote et d'éligibilité), mais ils ont des droits fondamentaux (liberté d'expression, droit d'association, liberté de conscience...).

B Les devoirs du citoyen

Les citoyens ont des **devoirs envers l'État** : respecter la loi, payer des impôts, participer à la défense du pays, voter, même si la loi ne les y oblige pas. La citoyenneté se définit aussi par les valeurs de civilité et de solidarité.

3 | La citoyenneté de l'Union européenne

A Naissance de la citoyenneté européenne

Depuis le traité de Maastricht (1992), il existe dans l'UE une citoyenneté européenne qui se superpose à la citoyenneté nationale.

B Les droits du citoyen européen

• Depuis 1979, les citoyens des États membres ont le droit d'élire au **suffrage universel direct** leurs représentants au Parlement européen. Le traité de Maastricht permet au citoyen européen résidant dans un autre État membre, de participer aux élections municipales et européennes ou d'être éligible à ces élections.

• D'autres droits sont apparus : droits de circulation, de séjour et de travail dans l'UE, droit de saisir la Cour de justice de l'UE...

Teste-toi !

Corrigés p. 105

A. Quand est née la citoyenneté française ?

B. Qu'est-ce que le « droit du sang » ?

C. Comment un étranger vivant en France peut-il obtenir la nationalité française ?

D. Qu'est-ce que le « devoir civique » ?

E. Quand est née la citoyenneté européenne ?

Valeurs, principes et symboles de la République

Fiche 29

EMC

Notes

1 | La République : un ensemble de valeurs

A Une longue naissance

La *Déclaration des droits de l'homme et du citoyen* (26 août 1789) établit les premiers principes de la future République. Il faut attendre la IIIe République (1870-1940) pour asseoir définitivement les valeurs de la République (à l'exception du régime de Vichy entre 1940 et 1944 ; *cf.* **fiche 5**) : souveraineté politique du peuple et égalité de tous devant la loi.

B La diffusion de l'idéal républicain

- L'**école primaire obligatoire**, laïque et gratuite instituée par les lois de Jules Ferry (1881-1882) donne aux Français une culture équivalente contribuant à la diffusion des valeurs de la République.
- Le **suffrage universel direct**, la fête nationale et les commémorations (11 novembre et 8 mai) permettent à chaque citoyen de vivre l'idéal républicain et de le défendre.

2 | Les principes de la République

A Une république indivisible

La République française garantit l'unité territoriale et politique de la nation par une **administration centralisée** qui applique partout les mêmes lois : la République est indivisible. Ce principe s'appuie aussi sur l'usage d'une langue commune, le français.

> **Remarque**
> Le français est la seule langue officielle de la République française.

B Une république laïque et démocratique

- Si, depuis la loi de 1905, le **principe de laïcité** sépare le fonctionnement des Églises et celui de l'État, la République respecte tous les cultes et garantit la liberté de conscience. La République favorise l'égalité sans distinction d'origine, de culture ou de religion.
- La République est **démocratique**. Le peuple souverain élit ses représentants qui gouvernent dans l'intérêt commun de la nation.

C Une république sociale

La République se donne les moyens d'assurer à chacun éducation, logement, emploi et couverture médicale. Ces droits sociaux ont été affirmés dans le préambule de la Constitution* de 1946.

3 Les symboles de la République

Les valeurs de la République sont symbolisées par des emblèmes officiels hérités de la Révolution et adoptés sous la IIIe République.

A Une devise

La devise républicaine, « **Liberté, Égalité, Fraternité** », rappelle les valeurs de la République et est inscrite dans la Constitution de 1958 (art. 2). Elle reprend l'idéal de la philosophie des Lumières et les principes de la *Déclaration des droits de l'homme et du citoyen* (1789).

Remarque

La devise « Liberté, Égalité, Fraternité » est inscrite et rappelée sur tous les bâtiments de la République française.

B Un hymne

La Marseillaise est, à l'origine, un chant révolutionnaire composé en 1792 par un officier français, Rouget de Lisle. Chanté pour la 1re fois par des soldats marseillais, il est déclaré « chant national », le 14 juillet 1795. Interdite sous l'Empire et la Restauration, *La Marseillaise* est remise à l'honneur en 1830 avec l'orchestration d'H. Berlioz. C'est la IIIe République qui en refait un chant national.

C Un drapeau

Le drapeau tricolore symbolise le peuple de Paris (bleu et rouge) uni au roi (blanc). Ce drapeau utilisé par les révolutionnaires, est adopté par la IIIe République pour marquer l'unité nationale. Les Constitutions de 1946 et de 1958 font du drapeau tricolore l'emblème national de la République.

D D'autres symboles

La République est personnifiée par une femme coiffée du bonnet phrygien : **Marianne**. On retrouve son buste dans toutes les mairies, sur les timbres et les pièces émises par la France. Enfin, le **14 Juillet** est la fête nationale. Instituée par la loi en 1880, elle rappelle une double date : celle du 14 juillet 1789, date de la prise de la Bastille, celle du 14 juillet 1790, jour d'union nationale* lors de la fête de la Fédération.

Teste-toi !

Corrigés p. 105

A. Comment se diffuse l'idéal républicain ?
B. Pourquoi dit-on que la République est « indivisible » ?
C. Comment s'appelle l'hymne national français ?
D. Que symbolise le drapeau tricolore ?
E. Comment est personnifiée la République ?

La vie politique en France

Fiche 30

EMC

1 La France : une république

A Une longue naissance

C'est suite à la Révolution française de 1789 que la *Déclaration des droits de l'homme et du citoyen* (26 août 1789) établit les premiers principes de la démocratie : souveraineté du peuple et égalité de tous devant la loi.

B Une république démocratique

• La République française est **une démocratie** : le « gouvernement du peuple, par le peuple et pour le peuple » (art. 2 du préambule de la Constitution*). Les citoyens participent directement (référendum*) ou indirectement aux décisions grâce aux suffrages : le peuple est **souverain**. On parle d'une « démocratie représentative ou participative » (art. 3 de la Constitution).

> **Remarque**
> La démocratie s'exerce selon certains principes : le droit de vote, le pluralisme politique et la séparation des pouvoirs.

• Le pouvoir politique s'exerce aussi au niveau local, dans les **collectivités territoriales** (communes, départements et régions), grâce à des conseils élus au suffrage universel direct (conseil municipal, général et régional) et à des ressources propres (impôts locaux, dotations de l'État, emprunts). L'organisation de la République est décentralisée.

2 Les institutions de la Ve République

A La Constitution : la loi suprême

• La Constitution* de la Ve République (1958), inspirée par De Gaulle, est votée par **référendum*** en octobre 1958.

• Chargée de définir les pouvoirs et le fonctionnement de l'État, la Constitution proclame la souveraineté nationale et garantit les droits de l'homme.

B Des pouvoirs séparés

• La Constitution* organise la **séparation des pouvoirs** :

– Le **président de la République** et le gouvernement disposent du pouvoir exécutif. Le président de la République est élu au suffrage universel direct depuis 1962. Il nomme le Premier ministre, préside le Conseil des ministres et peut soumettre directement un projet de loi au peuple par référendum*. Il peut dissoudre l'Assemblée nationale et saisir le Conseil constitutionnel.

– Le **Parlement** (Assemblée nationale et Sénat) dispose du pouvoir législatif : il vote les lois, et il contrôle l'action du gouvernement grâce aux questions que posent les députés et sénateurs en séances publiques. L'Assemblée nationale peut renverser le gouvernement en votant une motion de censure.

– Les **magistrats** sont détenteurs du pouvoir judiciaire.

• La Constitution* peut être modifiée par le Parlement, réuni en congrès à Versailles, à la majorité des trois cinquièmes, ou par référendum*.

Remarque

Le Conseil consitutionnel garantit l'État de droit en veillant au respect de la Constitution.

3 Les citoyens et les différentes formes de participations démocratiques

A Des participations multiples

Si le vote et l'engagement dans les partis politiques sont le cœur de la démocratie, les associations, les syndicats ou les mutuelles sont des piliers du système démocratique.

B Les partis politiques

• La politique est « l'art de gérer la cité », c'est-à-dire d'exercer le pouvoir sur ce qui est commun à la collectivité. Son but est d'améliorer l'organisation de la vie en société. En démocratie, le pouvoir politique s'exerce au nom des citoyens. Les partis politiques leur proposent des modèles de société (programmes politiques). Au sein des deux grandes familles de la « **droite** » et de la « **gauche** », il existe de nombreux partis (ex. : LR, FN puis RN, PS, EELV...). D'autres partis se définissent au « **centre** » (Modem, LREM...). Ce **pluralisme politique** permet de faire vivre la démocratie.

• Les partis politiques, créés librement, sont reconnus par la Constitution* et réglementés par la loi (ex. : subventions perçues).

• L'engagement des Français dans les partis politiques est faible. Il va de la simple adhésion au militantisme.

Teste-toi !

Corrigés p. 105

A. À partir de quelle date les principes démocratiques sont-ils établis ?
B. Quels sont les principes d'exercice de la démocratie ?
C. Quelles sont les trois formes de pouvoirs ?
D. Qui peut modifier la Constitution ?
E. Qu'est-ce que le « pluralisme politique ? »

L'opinion publique et les médias

1 La multiplication des sources

A Des médias omniprésents

• La **liberté d'expression** a été affirmée par la *Déclaration des droits de l'homme et du citoyen* de 1789 (art. 11 : « La libre communication des pensées et des opinions est un des droits les plus précieux de l'Homme : tout Citoyen peut donc parler, écrire, imprimer librement, sauf à répondre à l'abus de cette liberté dans les cas déterminés par la Loi »). L'information s'est imposée par la multiplication des médias de masse.

• La **liberté de la presse** (loi du 29 juillet 1881) est l'un des principes fondamentaux des systèmes démocratiques qui reposent sur la liberté d'opinion, mentale et d'expression.

B Des sources d'informations diverses

• Nécessaire à l'exercice de la citoyenneté, la **presse** permet de connaître et d'analyser les informations. Les citoyens construisent leur propre opinion.

• La **télévision** est le média auquel les Français font le plus appel pour s'informer. Depuis la fin du monopole d'État (1982), les Français disposent de centaines de chaînes de télévision.

• La **radio** a été « libéralisée » (1982) et de multiples stations permettent aux citoyens d'accéder à tout type d'information.

> **Info-clé**
> Il existe près de 1 200 stations de radio.

• Le **réseau Internet** est le dernier support d'information apparu. L'essentiel des quotidiens du monde entier ont leur titre en ligne, mais aussi les institutions, les gouvernements, les entreprises, etc. Le réseau Internet offre une information qui circule très rapidement et permet aux citoyens de réagir, d'échanger leurs idées sur des blogs, des forums ou des réseaux sociaux. Les citoyens peuvent aujourd'hui trouver l'information sur plus de 200 millions de sites Internet disponibles.

2 Les médias et les citoyens

A L'opinion publique

• Les médias permettent au citoyen de connaître l'actualité, de réfléchir aux enjeux internationaux et locaux et de s'informer sur des sujets très variés, pour se construire une opinion.

• La connaissance de l'opinion publique est le fait de **sondages**. Il s'agit d'interroger une partie de la population à l'aide d'un questionnaire très précis. Les médias achètent ou commentent beaucoup de sondages sur divers sujets d'actualité.

> **Remarque**
> Les sondages reposent sur un échantillon représentatif.

• Cependant, les résultats des sondages ne sont pas toujours fiables : échantillon véritablement représentatif ? questions suffisamment claires ? Ainsi, pour éviter d'influencer les électeurs, les sondages d'intention de vote sont interdits pendant le déroulement des scrutins (loi de juillet 1977).

B Des dérives qui imposent des limites

• La **concentration des médias** entre les mains de quelques groupes peut gêner leur indépendance. Les médias sont parfois liés aux grandes entreprises (risques de conflits d'intérêt).

• Des garde-fous ont été mis en place pour éviter les dérives des médias. Ainsi, les devoirs des journalistes ont été définis dans la charte de déontologie* de Munich en 1971. Des organismes ont été créés par l'État pour surveiller les médias : le **Conseil supérieur de l'audiovisuel** (CSA, puis ARCOM depuis 2022) et la Commission nationale Informatique et Libertés (**CNIL**).

• L'ARCOM vise au respect de règles de déontologie*. Il vérifie que les radios et les télévisions les respectent et peut éventuellement les sanctionner. Il assure aussi l'indépendance de l'audiovisuel à l'égard du pouvoir politique.

• La CNIL est chargée de veiller à ce que l'informatique soit au service du citoyen et qu'elle ne porte atteinte ni à l'identité humaine, ni aux **droits de l'homme**, ni à la vie privée, ni aux libertés individuelles et publiques (loi du 6 janvier 1978). C'est une autorité indépendante composée de parlementaires, de représentants des trois grands corps de l'État et de personnalités qualifiées.

Teste-toi !

Corrigés p. 105

A. Depuis quelle date la presse est-elle libre ?

B. Quand le monopole d'État dans l'audiovisuel a-t-il été supprimé ?

C. Sur quels types de sites du réseau Internet les citoyens peuvent-ils s'exprimer ?

D. Quel organe institutionnel contrôle l'audiovisuel ?

E. Qu'est-ce que la « CNIL » ?

La vie sociale

1 | La défense du droit du travail

A Le droit du travail

• Les employeurs et les salariés signent les **conventions collectives*** généralisées par les accords Matignon de juin 1936 (*cf.* **fiche 5**). Ces conventions sont ratifiées pour chaque profession. Chaque salarié doit signer un contrat de travail dans lequel sont repris les engagements mutuels (ex. : conditions de travail, rémunération, congés, etc.).

• Le droit du travail évolue et peut être modifié par la loi. Par la négociation, la manifestation ou la **grève** (reconnue légalement en 1864 et reprise dans le préambule de la Constitution* de 1958), les salariés peuvent défendre leurs droits.

B Les syndicats

• A priori indépendants des partis politiques (*cf.* **fiche 31**) et de l'État, les syndicats sont des associations qui agissent pour défendre les intérêts et les droits de leurs membres. La **liberté syndicale** est reconnue depuis 1884 et rappelée dans le préambule de la Constitution de 1958.

• Les salariés s'y regroupent pour défendre leurs droits et leurs intérêts. On distingue deux types de syndicats : les syndicats de salariés et les syndicats d'entrepreneurs.

• Si le taux de syndicalisation en France est faible par rapport aux autres pays développés, les syndicats sont bien implantés sur les lieux de travail (délégués syndicaux).

> **Info-clé**
> En France, environ 8 % des salariés sont syndiqués.

• Les **représentants syndicaux** disposent cependant d'une légitimité grâce à une bonne participation des salariés aux élections professionnelles. Ce sont les partenaires privilégiés du dialogue social. Les syndicats de salariés sont les partenaires du patronat et de l'État avec qui ils négocient les **conventions collectives***.

2 | S'associer pour agir

A Les associations

• En France, la **liberté d'association** est une liberté publique garantie par la Constitution. Elle consiste à avoir le droit de se regrouper, librement, sans autorisation préalable, dans un but non lucratif. Les associations sont régies par la loi de juillet 1901.

• La France a un tissu associatif très important : on compte plus d'1 million d'associations dont les objectifs sont très variés. Elles travaillent à toutes les échelles, du local à l'international. Leurs domaines d'action sont multiples : les sports et les loisirs, la défense des droits de l'homme (associations contre le racisme, associations féministes), la défense de victimes, le soutien aux exclus (sans-papiers, sans-logement, chômeurs...), la défense des intérêts locaux (contre la construction d'une infrastructure, la fermeture d'une école, pour l'ouverture d'une crèche, d'un espace de sport, etc.).

Info-clé

En France, près de 16 millions de Français sont membres d'associations.

B Les groupes de pression

• On parle de « **groupes de pression** », lorsque le but du regroupement est la défense d'intérêts particuliers, parfois au détriment de l'intérêt général. En effet, les revendications individuelles font parfois oublier l'intérêt général. Par exemple, si les citoyens comprennent l'intérêt de construire une route ou un centre d'incinération de déchets, peu de personnes acceptent d'habiter près de cet incinérateur. Cette différence entre la conscience de l'intérêt collectif et la protection de l'intérêt individuel est appelée « **syndrome NIMBY** » (*« Not In My Backyard »* ; ce qui signifie : « pas dans mon jardin »).

• Les groupes de pression ou d'intérêt sont très actifs à Bruxelles auprès du Parlement européen. Comme le bien commun n'est pas l'addition de tous les intérêts individuels, le rôle des élus est de faire des choix pour mettre en œuvre des projets d'intérêt général. Toutefois, tous les choix peuvent être contestés. Il est difficile d'obtenir des accords acceptés par l'ensemble des citoyens.

Teste-toi !

Corrigés p. 105

A. Comment les salariés peuvent-ils défendre le droit du travail ?
B. Depuis quelle date les syndicats sont-ils reconnus en France ?
C. Depuis quelle date les citoyens ont-ils le droit de créer une association ?
D. Combien compte-t-on d'associations en France ?
E. Qu'est-ce qu'un « groupe de pression » ?

La recherche de la paix

1 La coopération internationale pour la paix

A Les nouveaux enjeux de la pacification

Depuis 1945, les conflits se sont multipliés et ont changé de nature. Les théâtres d'opérations des conflits sont de plus en plus régionaux et les acteurs sont de plus en plus mondialisés. Le nombre des victimes civils et des réfugiés ne cessent d'augmenter.

B La place de l'ONU dans le maintien de la paix

• Depuis 1945, l'**ONU** est le principal acteur de la coopération internationale. Son but est de maintenir la paix mondiale, pour instituer une coopération économique, sociale et culturelle entre les États.

• L'ONU dispose de 2 organes principaux :
– L'**Assemblée générale** qui regroupe les représentants des 193 États (depuis 2011). Le secrétaire général est élu par l'Assemblée générale pour 5 ans. Aidé par le secrétariat général, il fait exécuter les résolutions du **Conseil de sécurité**.
– Le Conseil de sécurité constitué de 15 États, dont 5 disposent du droit de veto*. Il formule des recommandations et peut décider de l'envoi d'une mission de Casques bleus si les résolutions ne sont pas appliquées. Le Conseil peut également donner un mandat à des pays pour obtenir l'application d'une résolution par la force.

Info-clé

La Chine, Les États-Unis, La France, le Royaume-Uni, la Russie disposent d'un droit de veto au Conseil de sécurité de l'ONU.

C Les institutions spécialisées de l'ONU

• L'ONU lutte contre les inégalités de développement par l'intermédiaire d'**organismes spécialisés**. Ils sont intergouvernementaux et autonomes.

• Dans le domaine de la gestion des crises humanitaires et des situations d'urgence, on distingue : la **FAO***, qui aide les États en difficulté à moderniser leur agriculture ; l'**OMS*** qui lutte pour améliorer les conditions d'hygiène, combat les maladies endémiques et organise des campagnes de vaccinations contre les maladies infantiles ; l'**UNHCR*** qui dirige et coordonne l'action internationale pour protéger les réfugiés.

• La **CNUCED*** cherche à affirmer la cohésion des pays du Sud autour d'une revendication majeure – des échanges commerciaux rééquilirés.

Le FMI* participe aux financements de projets de développement dans des États en difficulté économique et financière.

Exemple-clé

Des organisations tentent de réduire les inégalités sociales, comme l'OIT, l'UNICEF, l'UNESCO.

2 | D'autres acteurs

A Les États

Les États signent entre eux des accords de coopération : la France qui coopère avec les pays francophones dans un cadre culturel (OIF – *cf.* **fiche 28**), l'Union européenne qui a signé des accords de commerce et d'aide (accords de Cotonou entrés en vigueur en 2003) avec 76 pays ACP*.

B Les ONG

Les Organisations non gouvernementales (ONG) sont des organisations privées financées par des dons. Elles interviennent rapidement sur le terrain en cas de catastrophe naturelle ou de guerre. Leur action est aujourd'hui incontournable.

C Les organes judiciaires internationaux

• La **Cour internationale de justice** (CIJ) qui siège à La Haye depuis 1946 a une double mission : elle règle, conformément au droit international, les différends d'ordre juridique qui lui sont soumis par les États et elle donne des avis consultatifs juridiques des organes de l'ONU et des institutions spécialisées des Nations unies.

• Des **Tribunaux pénaux internationaux** (TPI) spécifiques ont été créés suite à certains conflits. Ce sont le Tribunal pénal international pour l'ex-Yougoslavie (TPIY) et le Tribunal pénal international pour le Rwanda (TPIR), habilités à juger les responsables des crimes contre l'humanité* et génocides* commis dans un espace précis et sur une période délimitée.

• En 2002, la **Cour pénale internationale** (CPI) est instituée à La Haye. C'est une cour permanente chargée de juger les crimes contre l'humanité et les génocides. Mais la CPI n'est reconnue que par 121 États sur les 193 que reconnaît l'ONU.

Teste-toi !

Corrigés p. 105

A. Quels sont les 2 principaux organes de l'ONU ?

B. Quels sont les objectifs de l'« UNHCR » ?

C. Qu'est-ce qu'une « ONG » ?

D. Qu'est-ce que la « CPI » ?

Le rôle de la défense

1 Quelle Défense nationale ?

A Des objectifs

• La mission de la Défense nationale est de garantir la sécurité du territoire et de protéger la population. Elle applique les engagements de la France au niveau international. L'**armée** assure aussi des missions de sécurité civile en cas de catastrophes naturelles ou technologiques.

• La Défense nationale est globale, c'est-à-dire qu'elle doit faire face à toutes les formes d'agressions et n'est pas seulement l'affaire des militaires. Ainsi, tous les ministères disposent d'un haut fonctionnaire de la Défense. Enfin, la Défense nationale est **permanente**, c'est-à-dire organisée et préparée en temps de paix.

B Une Défense nationale soumise au pouvoir politique

• L'organisation de la Défense est démocratique. Le président de la République est le **chef des armées**. Il est le garant de l'indépendance nationale et de l'intégrité du territoire.

• La politique de Défense est définie par le **Conseil des ministres** et mise en œuvre par le ministre de la Défense. Le gouvernement est chargé de l'application des lois de programmation militaire votées par le Parlement. Celui-ci vote le **budget** de la Défense nationale. Depuis 2008, le *Livre blanc* fixe de nouvelles stratégies rediscutées tous les 4 ans par les parlementaires.

> **Remarque**
> Le président de la République est le seul à pouvoir engager les forces nucléaires qui constituent la force de dissuasion.

C Une armée de professionnels

• Dans le cadre du plan « **Armée 2000** », l'armée se restructure pour s'adapter au contexte international et aux nouvelles menaces. La France possède une armée de métier composée de professionnels.

• Depuis la loi du 29 octobre 1997, la **conscription*** obligatoire est suspendue (elle peut être rétablie à tout moment). Elle est remplacée par un service national volontaire pour les jeunes de 18 à 26 ans durant une période maximale de 5 ans.

D Le parcours citoyen

• La conscription est remplacée par un **parcours de citoyenneté**. C'est un des devoirs du citoyen, ouvrant le droit à se présenter aux examens.

- Désormais, le parcours citoyen s'organise en trois temps :
  - l'enseignement de la Défense ;
  - le recensement* dans les 3 mois qui suivent les 16 ans en mairie ;
  - la **Journée Défense et Citoyenneté** (JDC) depuis 2010, ancienne Journée d'appel à la préparation à la Défense : tous les citoyens (garçons et filles) doivent participer à cette journée durant laquelle les jeunes sont informés des métiers de la Défense et du service national volontaire. Depuis 2007, la question européenne est abordée au travers de la citoyenneté et de la Défense.

2 La sécurité collective

A Un nouveau contexte mondial

Les conflits régionaux (guerres civiles, guerres ethniques, etc.) se sont multipliés et la France participe à des missions internationales. Pour défendre ses intérêts, elle intervient sur la scène internationale. Elle participe ainsi à la Politique européenne de sécurité et de Défense (**PESD**) et, depuis 2009, au commandement militaire de l'Organisation du traité de l'Atlantique Nord (**OTAN***). Elle est également membre du **Conseil de sécurité de l'ONU** et participe activement aux opérations de maintien de la paix, ainsi qu'à des missions humanitaires.

B Quelle sécurité ?

- Les **actes terroristes** du 11 septembre 2001 aux États-Unis, puis ceux de Madrid (2004), de Londres (2005) et de Paris (2015) notamment ont modifié le sens des missions de la Défense nationale. Les limites entre sécurités intérieure et extérieure, entre missions civiles et militaires s'atténuent. Les acteurs internationaux ne sont plus seulement les États. Ce sont également des organisations (ex. : *al-Qaïda**, *Daech**), ou des individus.

- Le risque d'une attaque terroriste est important. De même, la piraterie, les trafics, la prolifération d'armes et les attaques informatiques sont devenus des menaces mondialisées.

Teste-toi !

Corrigés p. 105

A. Pourquoi dit-on que la Défense nationale est « globale » ?
B. Qui est le chef des armées ?
C. Qui vote le budget de la Défense nationale ?
D. Qu'est-ce que la « JDC » ?
E. Depuis quand les missions de la Défense nationale ont-elles évolué ?

Teste-toi ! corrigés

HISTOIRE

Fiche 1. **A** : l'assassinat de l'archiduc François-Ferdinand à Sarajevo. – **B** : les Empires allemand, austro-hongrois et l'Italie. – **C** : trois phases. – **D** : c'est l'entrée en guerre des États-Unis et l'arrêt des combats de la Russie. – **E** : le 11 novembre 1918. Fiche 2. **A** : entre 9 et 10 millions de morts. – **B** : il y a des millions de morts, d'orphelins, de veuves, d'invalides, et le 1er génocide. – **C** : car ils financent la reconstruction de l'Europe. – **D** : la SDN a peu de moyens, l'Allemagne dénonce le Diktat versaillais. Fiche 3. **A** : problèmes de ravitaillement et défaites militaires. – **B** : application des thèses d'Avril « paix immédiate, terre aux paysans, pouvoir aux soviets ». – **C** : en écartant son principal rival, Trotski. – **D** : des arrestations et déportations. – **E** : encadrement de la population, propagande, culte de la personnalité, purges, déportations. Fiche 4. **A** : car c'est un régime combattu par les extrêmes droite et gauche, les monarchistes et l'armée. – **B** : légalement, en étant appelé par Hindenburg comme chancelier. – **C** : la population est étroitement surveillée. – **D** : ils sont déportés ou assassinés. – **E** : car il y a exclusion et déportation des Juifs et des Tziganes. Fiche 5. **A** : à des difficultés économiques, sociales et politiques. – **B** : manifestation des ligues contre la République. – **C** : le Front populaire. – **D** : accords entre le patronat et les syndicats (hausse des salaires et renforcement du droit syndical). – **E** : la guerre civile espagnole (1936-1939). Fiche 6. **A** : Blitzkrieg ou guerre éclair. – **B** : le Royaume-Uni. – **C** : parce que le Japon attaque la base américaine de Pearl Harbor en décembre 1941. – **D** : El Alamein (novembre 1942) et Stalingrad (février 1943). – **E** : capitulation allemande : 7 et 8 mai 1945 ; capitulation japonaise : 2 septembre 1945. Fiche 7. **A** : France et Croatie. – **B** : l'extermination des Juifs d'Europe centrale et orientale. – **C** : 5 à 6 millions de Juifs et 1,5 million de Tziganes. – **D** : soutenir l'effort de guerre de l'Allemagne nazie. – **E** : Service du Travail Obligatoire. Fiche 8. **A** : plus de 50 millions de morts. – **B** : le procès de Nuremberg. – **C** : régler le sort de l'Allemagne et de la Pologne jusqu'à la paix. – **D** : domination économique et possession de l'arme nucléaire des États-Unis ; l'URSS bénéficie d'un prestige important suite à la libération des peuples d'Europe centrale et orientale. – **E** : maintenir la paix et développer la coopération internationale. Fiche 9. **A** : Séparation en deux zones : la zone Nord occupée par l'Allemagne et la zone libre au sud. – **B** : Régime instauré par Vichy autour de l'idéologie Travail, Famille, Patrie. – **C** : Aide économique à l'effort de guerre de l'Allemagne et répression policière des opposants au Reich. – **D** : Mouvement de résistance extérieur. – **E** : Conseil national de la Résistance, unifiant tous les mouvements de la Résistance intérieur. Fiche 10. **A** : la Seconde Guerre mondiale, l'anticolonialisme des États-Unis et de l'URSS, le rôle de l'ONU. – **B** : un pays récemment indépendant et en retard économique. – **C** : conférence qui s'exprime contre le colonialisme, contre la guerre froide et pour une coopération entre États pour développer les économies des pays du tiers monde. – **D** : mouvement qui rejette le système bipolaire né de la guerre froide. – **E** : contexte d'un monde bipolaire, instabilités politiques. Fiche 11. **A** : par la mise en place d'« un rideau de fer ». – **B** : aide économique aux pays européens. – **C** : des pays libérés par l'Armée Rouge devenus communistes. – **D** : OTAN sous commandement des États-Unis et Pacte de Varsovie sous commandement de l'URSS. – **E** : crise de Berlin (1948), guerre de Corée (1950-1953), crise de Cuba (1962). Fiche 12. **A** : la crise de Cuba (1962). – **B** : installation d'une ligne téléphonique directe entre Washington et Moscou (1963), les traités de désarmement (SALT 1 et 2), les accords d'Helsinki. – **C** : contestations des blocs, guerres au Proche-Orient, guerre du Viêt Nam. – **D** : à cause de l'affaiblissement des États-Unis, les révolutions communistes en Amérique latine, l'invasion de l'Afghanistan par l'URSS (1979). – **E** : Mikhaïl Gorbatchev. Fiche 13. **A** : construire la paix et développer une solidarité entre des pays européens. – **B** : le marché commun du charbon et de l'acier entre 6 États européens. – **C** : le 25 mars 1957. – **D** : un espace interne à l'UE de libre circulation des personnes. – **E** : 28. Fiche 14. **A** : l'arrivée au pouvoir de Mikhaïl Gorbatchev et la mise en place de la Perestroïka. – **B** : fin du communisme en URSS et les États-Unis dominent seuls le monde. – **C** : un réseau terroriste international. – **D** : l'invasion de l'Afghanistan et de l'Irak. – **E** : Brésil, Russie, Inde, Chine. Fiche 15. **A** : Le GPRF dirigé par le général de Gaulle. – **B** : Nationalisation, Sécurité sociale, comités d'entreprise. – **C** : Par référendum. – **D** : Création du SMIG, 3e semaine de congés payés, création des HLM. – **E** : La guerre d'Algérie. Fiche 16. **A** : la guerre d'Algérie (1954-1962). – **B** : le renforcement du rôle du président de la République. – **C** : sept ans. – **D** : en janvier 1963, traité de coopération suivant 3 axes : politique étrangère, défense et culture (traité de l'Élysée). – **E** : il a obtenu une majorité de non (52 %) au référendum sur la régionalisation. Fiche 17. **A** : Pompidou (1969-1974), Giscard d'Estaing (1974-1981), Mitterrand (1981-1995), Chirac (1995-2007), Sarkozy (2007-2012), Hollande (2012-2017), Macron (2017-2022, 2022-). – **B** : majorité à 18 ans, légalisation de l'IVG. – **C** : abolition de la peine de mort, régularisation des immigrés clandestins, durée hebdomadaire du travail ramenée à 39 heures, 5e semaine de congés payés, retraite à 60 ans… – **D** : 1986, 1993 et 1997. – **E** : car au 2nd tour de l'élection présidentielle, J.-M. Le Pen, candidat du Front national, est présent face à J. Chirac. Fiche 18. **A** : Les années de forte croissance économique avec un chômage inexistant (1945-1975). – **B** : Par les résultats du plan Marshall et la modernisation de l'économie. – **C** : Ralentissement de la croissance, augmentation du chômage et crise minière et industrielle. – **D** : Proportion croissante des femmes dans le monde du travail. – **E** : Accès du plus grand nombre à la culture et à l'éducation.

GÉOGRAPHIE

Fiche 19. **A** : 22 %. – **B** : parce que 80 % de la population vit dans un espace urbain. – **C** : en raison du moindre coût des terrains, des communications plus rapides, de l'aspiration à la propriété d'une maison individuelle et de l'agrément d'un cadre de vie plus rural. – **D** : poids écrasant de Paris et dissymétrie Est-Ouest encore marquée. – **E** : un centre et des périphéries. Fiche 20. **A** : par la modernisation, la délocalisation et la restructuration. – **B** : par des investissements. – **C** : régions qui ont connu la 1re industrialisation du XIXe siècle (Nord-Pas-de-Calais, nord de la Lorraine, Creusot, Saint-Étienne). – **D** : l'Auvergne-Rhône-Alpes. – **E** : le Sud et l'Ouest. Fiche 21. **A** : c'est le 1er producteur européen et 3e exportateur européen. – **B** : utilisation de pesticides, pollution des eaux, pompage des nappes phréatiques. – **C** : Des agricultures mettant l'accent sur la qualité des produits, le respect de l'environnement et la valorisation des paysages. Fiche 22. **A** : des activités qui fournissent des services aux entreprises et aux particuliers. – **B** : État, entreprises, personnes. – **C** : les agglomérations. – **D** : 7 % du PIB et presque 1 million d'emplois. – **E** : balnéaire, montagnard, rural, culturel, religieux de mémoire. Fiche 23. **A** : Un espace comptant moins de 30 hab./km^2. – **B** : Zones de montagne (Massif central), plateau agricoles (Champagne), régions intérieures (Landes). – **C** : 4 millions de personnes. – **D** : Une large bande de territoire de faible densité démographique allant de la Meuse aux Landes. – **E** : Agriculture, sylviculture, production d'énergie. Fiche 24. **A** : 1963, à la création de la DATAR. – **B** : répartir harmonieusement les hommes et les activités. – **C** : l'État, les collectivités locales, l'UE et des acteurs privés. – **D** : la concentration des activités et des fonctions de commandement dans certains centres urbains. – **E** : permettre à des territoires d'acquérir un rôle central dans un domaine particulier à l'échelle nationale, voire mondiale. Fiche 25. **A** : l'accord pour le développement de l'énergie atomique. – **B** : accords qui prévoient l'abolition des contrôles aux frontières communes des États signataires. – **C** : car il crée un marché unique (Communauté européenne ou Union européenne) sans frontières intérieures, sans restrictions de circulation des personnes et des capitaux et adopte une monnaie unique, l'euro. – **D** : espace qui s'étend de Londres à l'Italie du Nord en passant par l'axe rhénan et qui concentre les principales métropoles européennes et les principales activités industrielles et de recherche. – **E** : par la lutte contre les inégalités régionales. Fiche 26. **A** : car elle est un isthme entre l'Europe du Nord et du Sud, et un finistère occidental du continent européen. – **B** : par les lignes à grande vitesse (LGV). – **C** : la combinaison des modes de transports. – **D** : elle impose aux États membres d'identifier les sites industriels présentant des risques majeurs d'accidents. Fiche 27. **A** : elle est composée d'îles. – **B** : Départements et Régions d'outre-mer. – **C** : elle a un statut provisoire de collectivité spécifique en attente du référendum de 2018 pour statuer sur son indépendance. – **D** : Médecins du monde. – **E** : environ 200 millions.

ENSEIGNEMENT MORAL ET CIVIQUE

Fiche 28. **A** : 1789. – **B** : acquisition de la nationalité française par filiation. – **C** : par naturalisation ou mariage selon certaines conditions. – **D** : droit de voter. – **E** : 1992 (traité de Maastricht). Fiche 29. **A** : par l'école, le suffrage universel, la Défense et les commémorations. – **B** : unité territoriale et politique de la nation. – **C** : La Marseillaise. – **D** : le peuple de Paris (bleu et rouge) uni au roi (blanc). – **E** : par une femme coiffée du bonnet phrygien : Marianne. Fiche 30. **A** : à partir de 1789. – **B** : le droit de vote, le pluralisme politique et la séparation des pouvoirs. – **C** : pouvoirs exécutif, législatif et judiciaire. – **D** : le Parlement réuni en congrès. – **E** : l'existence de différents partis politiques. Fiche 31. **A** : 1881. – **B** : 1982. – **C** : Blogs, forums et réseaux sociaux. – **D** : L'ARCOM. – **E** : Commission nationale informatique et libertés. Fiche 32. **A** : par la négociation, la manifestation et la grève. – **B** : 1884. – **C** : 1901. – **D** : près d'un million. – **E** : groupe ou association qui défend des intérêts particuliers. Fiche 33. **A** : l'Assemblée générale et le Conseil de sécurité. – **B** : protéger les réfugiés et tenter de résoudre les problèmes de réfugiés dans le monde entier. – **C** : Organisation non gouvernementale. – **D** : Cour pénale internationale. Fiche 34. **A** : en raison de la multiplication des conflits locaux et régionaux. – **B** : le président de la République. – **C** : le Parlement. – **D** : Journée Défense et citoyenneté. – **E** : depuis les attentats du 11 septembre 2001 aux États-Unis et ceux en Europe.

Lexique

Les mots définis dans le lexique sont signalés par un * dans les fiches.

A

Agglomération : ensemble constitué d'une ville-centre et de sa banlieue.

Agriculture intensive : système de production qui obtient d'importants rendements par l'utilisation de techniques modernes.

Agriculture labelisée : agriculture qui bénéficie d'un label de qualité qui est décerné à certaines productions agricoles, élaborées selon des normes, pour les distinguer des produits concurrents.

Aire d'attraction : territoire dans lequel se recrutent les clients des activités commerciales et de services d'une ville ou d'une métropole. L'aire est d'autant plus vaste que la ville ou la métropole a de l'influence.

Aire urbaine : ensemble formé par un pôle urbain et sa couronne périurbaine.

Aléa : événement ayant pour origine un phénomène naturel ou humain.

***al-Qaïda* :** mot arabe signifiant « la base ». Mouvement islamiste crée en 1993 par Ben Laden sous le nom de « Front islamique pour le djihad contre les juifs et les croisés ».

Aménagement du territoire : politique de l'État qui lutte contre les inégalités entre les régions.

Anschluss : mot allemand signifiant le « rattachement » de l'Autriche à l'Allemagne.

Antibiotique : molécule ayant la capacité de tuer ou limiter la propagation d'une bactérie.

Antisémite : personne ayant une haine envers les Juifs.

Armée rouge : armée de l'URSS.

Armistice : accord marquant l'arrêt des combats.

Autarcie : état économique d'un pays ou d'une région qui se suffit à lui-même.

Autodafé : destruction par le feu.

Autodétermination : action par laquelle un peuple se prononce seul et librement sur son régime politique.

B

Baby-boom : augmentation importante du taux de natalité dans certains pays après la Seconde Guerre mondiale.

Ballottage : absence de majorité dans un vote.

Banque mondiale : ensemble de quatre institutions qui apportent une assistance technique et financière aux pays en développement.

Belligérant(s) : État participant à un conflit, à une guerre.

Bolchevik(s) : membre du groupe révolutionnaire du Parti social-démocrate russe dirigé par Lénine qui souhaite la révolution pour aboutir à la dictature du prolétariat. Ce parti devient le Parti communiste en 1919.

Brexit : abréviation de *British Exit*. L'expression désigne la sortie du Royaume-Uni de l'Union européenne.

C

CAEM : Conseil d'assistance économique mutuelle.

Camps de concentration : camps où sont enfermés des indivudus jugés dangereux par les nazis. Ils sont soumis au travail forcé, à peine nourris et souvent tués.

Camps d'extermination : camps créés à partir de 1941 destinés à exterminer les populations considérées comme « inférieures », juive et tzigane majoritairement.

CECA : Communauté européenne du charbon et de l'acier mise en place à partir de 1951.

CNUCED : Conférence des Nations unies pour le commerce et le développement.

Cohabitation : situation politique dans laquelle le Président de la République et le gouvernement appartiennent à des tendances politiques opposées.

Collaboration : attitude de soutien envers l'occupant allemand durant la Seconde Guerre mondiale.

Collectivisation : abolition de la propriété privée qui devient collective.

Collectivité locale : voir *« Collectivité territoriale ».*

Collectivité territoriale : division administrative de l'État ayant des institutions élues et une autonomie juridique et financière pour pouvoir aménager son territoire.

Commerce intracommunautaire : échanges au sein de l'Union européenne.

Compétitivité des territoires : capacité à améliorer durablement le niveau de vie des habitants d'un territoire et à leur procurer un haut niveau d'emploi et de cohésion sociale.

Conscription : système de recrutement obligatoire fondé sur l'appel chaque année des jeunes citoyens pour un service militaire d'une durée déterminée.

Conseil de l'Europe : organisation de coopération européenne créée en 1949.

Constitution : texte qui définit l'organisation politique d'un État.

Convention collective : accord signé entre les entreprises d'un même secteur qui détermine les conditions de travail.

Coordination : rassemblement indépendant de salariés, organisé sans l'intervention de syndicat.

Crime contre l'humanité : désigne l'assassinat, l'extermination et tout acte commis contre une population civile pour des raisons politiques, raciales ou religieuses. Ce délit est imprescriptible, c'est-à-dire qu'il peut être jugé plus de 50 ans après les faits.

D

***Daech* :** organisation terroriste, militaire et politique, d'idéologie salafiste, qui a proclamé l'instauration d'un califat sur les territoires qu'elle contrôle. À l'origine de nombreux attentats, notamment en France.

DATAR : délégation à l'aménagement du territoire et à l'action régionale, puis délégation ministérielle à l'aménagement du territoire et à l'attractivité régionale.

Débâcle : fuite désordonnée d'une armée vaincue.

Décentralisation : transfert d'une partie des domaines d'action et du pouvoir de l'État vers les institutions locales (régions, départements...).

Délocalisation : déplacement d'une industrie du territoire national vers une région ou un pays qui permet d'obtenir des avantages compétitifs : main-d'œuvre moins chère ou plus qualifiée, proximité d'un marché émergent, meilleure disponibilité d'une matière première.

Démocraties populaires : régimes communistes formés sur le modèle soviétique, installés après 1945 en Europe orientale.

Déontologie : ensemble des devoirs que s'imposent des professionnels dans l'exercice de leur métier.

Déplacement pendulaire : déplacement journalier de la population des grands centres urbains entre le domicile et le lieu de travail.

Développement durable : modèle socio-économique qui veille à maintenir un développement équilibré, à préserver l'environnement et à mieux gérer les ressources naturelles.

Dissident : personne qui conteste de façon plus ou moins radicale le système politique du pays dont elle est résidente.

Droits civils et juridiques : ensemble des droits attachés à la personne. Ils comprennent notamment le droit de la vie privée et familiale, du domicile et de sa correspondance, le droit à l'image, le droit à la liberté et à la sûreté, le droit d'aller et venir, le droit à la liberté de pensée, de conscience et de religion, le droit à la liberté d'expression, à la liberté de réunion et d'association, le droit au mariage et de fonder une famille.

Droits civiques : droits accordés par une nation à ceux qui vivent sous ses lois.

Droit de veto : droit de s'opposer formellement à une décision.

DROM : départements et régions d'Outre-mer.

E

Économie capitaliste : voir « *Capitalisme* ».

Effet tunnel : situation d'un espace traversé par des axes de transports, mais qui ne peut y avoir accès et ne bénéficie pas des retombées positives du passage de cet axe.

Einsatzgruppen : mot allemand désignant les unités mobiles d'extermination formées principalement de policiers SS.

Endiguement : politique officielle des États-Unis à partir de 1947 pour faire barrage au communisme.

Épuration : élimination des personnes accusées de collaboration après la Libération dans les pays occupés.

Épuration ethnique : peut désigner l'émi-gration forcée, le transfert de population et la déportation, voire le génocide...

Espace urbain : ensemble, d'un seul tenant, de plusieurs aires urbaines et des communes qui s'y rattachent.

État-nation : État correspondant au territoire d'un peuple réuni par une langue et une histoire communes.

État totalitaire : dictature (régime politique dans lequel les pouvoirs législatif, exécutif et judiciaire sont concentrés dans les mains d'une personne) qui cherche à contrôler l'activité et la pensée de la population, en l'encadrant constamment et refusant toute liberté.

Eurorégion : espace transfrontalier (de part et d'autre d'une frontière) au sein de l'Union européenne, dans lequel existe une coopération entre des collectivités territoriales.

Exode rural : départ définitif de la campagne pour s'installer en ville.

F

FAO : Organisation des Nations unies pour l'alimentation et l'agriculture.

Fascisme : régime politique instauré en Italie par Mussolini en 1922.

Fasciste : individu qui prône le fascisme.

Finistère : littéralement « fin de terre ».

FMI : Fond monétaire international prêtant de l'argent aux États en difficultés. Il intervient parfois dans les affaires des États pour contrôler leurs finances.

Fonctions péri-productives : activités qui interviennent en amont ou en aval de la production.

Führer : mot allemand signifiant « guide ». Titre pris par Hitler.

G

Génétique : science de l'hérédité qui étudie la transmission des caractères anatomiques et fonctionnels entre les générations d'êtres vivants.

Génocide : extermination intentionnelle et systématique d'un groupe ou d'une partie de groupe en raison de ses origines ethniques ou religieuses.

Gestapo : mot allemand signifiant « Police secrète d'État ».

Ghetto : quartier où vit une minorité. Durant la Seconde Guerre mondiale, quartier où les Juifs étaient contraints de résider dans des conditions misérables.

Glasnost : politique de « transparence » prônée par Gorbatchev.

Goulag : sigle qui désigne l'administration générale des camps d'internement en URSS. Par extension, c'est un camp lui-même.

« Guerre des étoiles » : nom donné au projet américain « Initiative de défense stratégique » annoncé en 1983 par le président américain Reagan.

Guerre froide : période de tension entre les États-Unis et l'URSS débutant en 1946 durant laquelle chacun tente de prendre l'avantage sur l'autre, tout en évitant de déclencher un conflit armé direct.

H – I – K – L

Héliotropisme : vient du grec *Helios*, le « soleil ». Attraction exercée depuis les années 1970 par le Midi.

Hub : plateforme aéroportuaire.

IDE : Investissements directs à l'étranger correspondants soit à la création d'une entreprise, soit au rachat total ou partiel d'une ou plusieurs entreprises.

Industrialisation : développement industriel d'un État, d'une région.

Inflation : hausse des prix et perte de valeur d'une monnaie.

Interface : zone de contact entre deux espaces.

Isthme : partie étroite de terre émergée entre deux mers.

Kolkhoze : exploitation agricole appartenant à un groupe de paysans qui ont en commun leurs terres, leurs outils et leurs bétails.

Komintern : Internationale communiste créée par Lénine en 1919 qui rassemble les représentants de tous les partis communistes.

Krach : chute brutale et importante des cours de Bourse (actions) en une ou plusieurs séances du fait de leur vente massive.

Ligue : association de citoyens unis en vue d'une action déterminée.

Littoralisation : mouvement migratoire de l'arrière-pays vers le littoral.

Loi 1905 : loi en faveur de la laïcité, concernant la séparation des Églises et de l'État, adoptée le 9 décembre 1905.

M – N

Métropolisation : processus de regroupement du peuplement et des fonctions de commandement dans les grandes agglomérations.

Milice : organisation créée en 1943 par le régime de Vichy pour collaborer avec la Gestapo et arrêter les Juifs, les résistants et les réfractaires au STO.

Mondialisation : essor et élargissement des échanges à l'échelle mondiale.

Mutinerie : refus d'obéir à un ordre militaire.

Nationalisation : acquisition ou confiscation d'une entreprise privée par l'État.

Nationaliste : personne valorisant le sentiment d'appartenance à une nation.

O

OAS : Organisation armée secrète.

OECE : Organisation européenne de coopération économique.

OIT : Organisation internationale du travail.

OMC : Organisation mondiale du commerce créée en 1995 visant à défendre la liberté des échanges et régler les désaccords commerciaux entre les États.

OMS : Organisation mondiale de la santé.

OTAN : Organisation du traité de l'Atlantique nord (1949).

P

Pacifiste : personne qui prône à tout prix la paix.

Parti nazi : Parti national-socialiste allemand. Nazi est l'abréviation allemande de National-socialiste.

Pays ACP : pays en développement d'Afrique, des Caraïbes et du Pacifique.

PCUS : Parti communiste de l'Union soviétique.

Pénurie : manque de ce qui est nécessaire.

Perestroïka : « Restructuration ». Politique menée à partir de 1985 par Gorbatchev pour modifier les structures du pouvoir en URSS.

Périurbanisation : étalement urbain guidé le plus souvent par les axes de transport.

PME-PMI : Petites et moyennes entreprises-Petites et moyennes industries.

Pogrom : massacre collectif de Juifs.

Pôle de compétitivité : espace qui rassemble des entreprises, des centres de formation et des unités de recherche pour développer l'innovation industrielle.

Politique de rigueur : politique économique qui a pour objectif de revenir à la stabilité des prix et de réduire les déficits publics et extérieurs.

Purge : élimination des opposants politiques.

Pyramide des âges : représentation de la répartition par sexe et par âge de la population.

R

Race aryenne : ancien peuple indo-européen. Hitler a élaboré la théorie d'« une race supérieure germanique » descendant des Aryens.

Racisme : idéologie fondée sur la croyance qu'il existe une hiérarchie entre les groupes humains et engendrant une hostilité systématique à l'égard d'une catégorie déterminée de personnes.

Radiothérapie : traitement par rayons X.

Rafle : arrestation massive.

Rationnement : limitation de la consommation.

Recensement : opération administrative visant à dénombrer la population d'un État.

Recherche-développement (RD) : activités qui associent scientifiques et techniciens pour mettre au point de nouveaux produits commercialisables.

Reconversion : réorientation des activités d'une région vers des pôles plus porteurs (industriels ou tertiaires).

Référendum : vote direct par lequel les citoyens se prononcent sur une proposition émanant du pouvoir.

Régionalisation : système qui confie différentes compétences aux régions.

Regroupement familial : procédure qui permet à l'étranger installé en France de façon régulière d'être rejoint, sous réserve de remplir certaines conditions, par les membres de sa famille proche (son conjoint majeur et ses enfants mineurs) et de mener une vie familiale en France.

Réseau urbain : ensemble des relations qui lient des villes entre elles.

Révolution verte : politique de transformation des agricultures des pays en développement, fondée principalement sur l'intensification et l'utilisation de variétés de céréales à hauts potentiels de rendements.

Risque majeur : confrontation d'un aléa avec des enjeux ; l'événement se caractérise généralement par sa très faible apparition mais son extrême gravité.

RMI : Revenu minimal d'insertion.

Rurbanisation : contraction des mots « rural » et « urbanisation ». Phénomène de diffusion dans l'espace rural d'activités, de modes de vie ou d'aménagements de type urbain.

S

SALT 1 & 2 : discussions sur la limitation des armements stratégiques.

Septentrional : situé au nord.

Services : activités qui ne comprennent pas la fabrication d'objets matériels.

Services marchands : activités directement payées par l'usager relevant le plus souvent du secteur privé.

Shoah : mot hébreu signifiant « catastrophe ». Employé comme nom propre, il désigne l'extermination des juifs d'Europe par l'Allemagne nazie et ses alliés, entre juin 1941 et 1945.

SMIG : Salaire minimum interprofessionnel garanti. Salaire horaire minimal créé en 1950 et défini par la loi. Remplacé en 1970 par le SMIC (Salaire minimum interprofessionnel de croissance).

Société de consommation : société dans laquelle la population bénéficie d'un pouvoir d'achat élevé qui lui permet d'accéder à toutes sortes de biens de consommation (automobile, électroménager, loisirs...).

Solution finale : plan d'extermination des Juifs.

Soviet : comité révolutionnaire de paysans, d'ouvriers et de soldats.

SS : mot allemand signifiant « Groupe de protection ». Milice personnelle d'Hitler.

Supranational : pouvoir de décision qui s'impose aux États.

T

Talibans : nom donné à une guérilla qui établit de 1996 à 2001 un régime de terreur islamiste en Afghanistan.

Technopôle : parc d'activités associant recherche et industries de haute technologie.

Tertiarisation : développement des services dans l'économie.

TIC : Technologies de l'information et de la communication.

Tiers monde : expression créée en 1952 désignant l'ensemble des pays sous-développés ou en voie de développement, généralement issus de la décolonisation.

Tourisme : pour l'OMT (Organisation mondiale du tourisme), « le tourisme est un déplacement hors de son lieu de résidence habituel pour plus de 24 heures mais moins de 4 mois, dans un but de loisirs, un but professionnel (tourisme d'affaires) ou un but sanitaire (tourisme de santé) ».

Tsar : mot russe désignant l'empereur.

U, V, W, Z

UNESCO : Organisation des Nations unies pour l'éducation, la science et la culture.

UNHCR : Haut commissariat aux réfugiés des Nations unies.

UNICEF : fonds des Nations unies pour l'enfance.

Union nationale : arrêt momentané des oppositions politiques pendant une guerre ou une crise grave.

Unité urbaine : ensemble d'une ou plusieurs communes présentant une continuité du tissu bâti (pas de coupure de plus de 200 mètres entre deux constructions) et comptant au moins 2 000 habitants.

Ville mondiale : expression qui désigne les métropoles se situant au niveau supérieur de la hiérarchie urbaine à l'échelle mondiale.

Wehrmacht : mot allemand désignant l'ensemble des forces armées terrestres allemandes.

ZEE : Zone économique exclusive correspondant à la zone d'exploration et d'exploitation des fonds marins de l'État côtier jusqu'à 370 km environ (200 milles marins).

Zone euro : espace regroupant les 18 États de l'Union européenne qui utilisent l'euro comme monnaie unique.

Crédits photographiques du dépliant :

Programme de 6e : A : Meule dormante avec grains (époque Néolithique). Musée Des Antiquités. © Photo Josse/Leemage. B : Faucille en pierre polie. D.R. C : Peinture égyptienne. © Hachette Livre. D : Moïse expliquant la Loi. © Hachette Livre. E : Athènes, Parthénon. © Shutterstock : Italie, Rome. Statue de l'empereur romain Gaius Julius César. © Hachette Livre. G : Louve romaine. © Hachette Livre.

Programme de 5e : A : Clovis. © Hachette Livre. B : L'Hégire. © Photothèque Hachette Livre. C : Charlemagne. © Bianchetti /Leemage. D : Hugues Capet © Photo Josse/Leemage. E : Cathédrale Notre-Dame. © Hachette Livre. F : Bouvines. © Hachette Livre. G : Imprimerie. © Photothèque Hachette Livre. H : Caravelle de Christophe Colomb. © Hachette Livre. I : Saint-Barthélemy. © Hachette Livre.

Programme de 4e : A : Luther. © Hachette Livre. B : Louis XIV. © PrismaArchivo/Leemage. C : Locomotive à vapeur. © Hachette Livre. D : Prise de la Bastille. © Hachette Livre. E : Napoléon. © Photo Josse/Leemage. F : Louis XVIII. © Hachette Livre. G : Charles X. © Hachette Livre. H : Louis-Philippe. © Hachette Livre. I : Napoléon III. © Photo Josse/Leemage. J : Pasteur. © Hachette Livre.

Programme de 3e : A : Révolutions russes. © RIA Novosti. B : Première Guerre mondiale. © Collection NBL/Kharbine-Tapabor. C : Armistice. © Leemage. D : Hitler. © Costa/Leemage. E : Staline. © Hachette Livre. F : Vote des femmes. © CIRIP/Alain Gesgon. G : Gandhi. © Hachette Livre. H : Cartographie Hachette Livre. I : De Gaulle. © AFP. J : Mitterrand. © Photo Gisèle Freund/La Documentation française. K : Cartographie Hachette Livre. L : Chirac. © Photo Bettina Rheims/La Documentation française. M : Sarkozy. © Jensen/dpa/Corbis. N : Hollande. © Mousse/Abaca/Leemage. O : Macron. Frederic Legrand-COMEO © Shutterstock.

6e : L'ANTIQUITÉ

1000 ans

IVe millénaire av. J.-C.

Naissance de l'écriture
Invention de l'écriture cunéiforme en Mésopotamie et des hiéroglyphes en Égypte.

8000 | 4000

IIe-Ier millénaires av. J

Le temps de la
Fondation du royaume d
par les Hé

VIIIe millénaire av. J.-C.

Naissance de l'agriculture
En Mésopotamie, les hommes se fixent dans des villages, cultivent la terre et élèvent des animaux.

nce

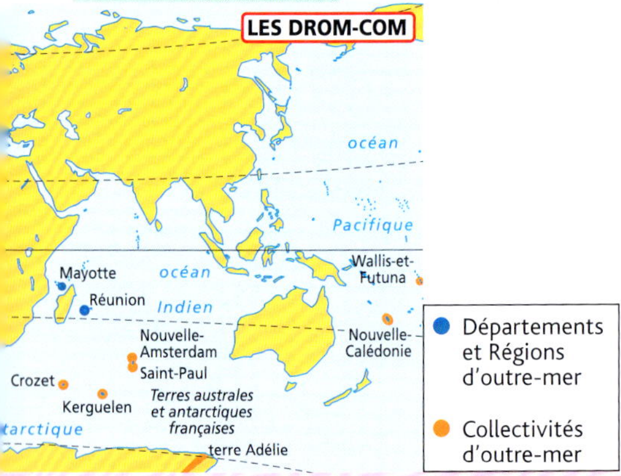

- Les grandes agglomérations : Bordeaux, Clermont-Ferrand, Lille, Lyon, Marseille, Metz, Nantes, Nancy, Nice, Paris, Strasbourg, Rennes, Rouen, Toulouse.
- Les régions administratives et t erritoires d'outre-mer.

Les grands re

Repères à connaître

- L'équateur, les tropiques, les cercles polaires.
- Les zones bioclimatiques chaudes, tempérées, froides.
- Les continents et les océans.
- Les grandes chaînes de montagnes : Himalaya, Andes, Rocheuses, Alpes.

LE XXIe SIÈCLE

1981-1995
Les années Mitterrand

1995-2007
Les années Chirac

2007-2012
Nicolas Sarkozy, président de la République

2017-2022
Emmanuel Macron, président de la République

1958-... – Ve RÉPUBLIQUE

2000

1991
Éclatement de l'URSS

1992
Traité de Maastricht
Création de l'UE (Union européenne).

1997
Signature du protocole de Kyoto
Les États s'engagent à réduire leurs émissions de gaz à effet de serre.

2012-2017
François Hollande, président de la République

…eres terrestres

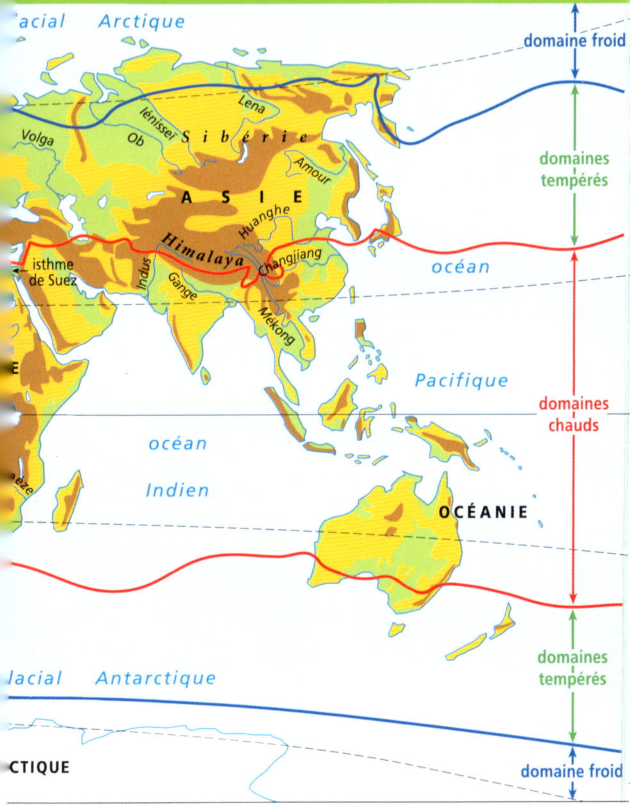

hauts plateaux et hautes montagnes

inlandsis

- Les forêts denses : Amazonie, Afrique centrale.
- Le Sahara.
- Les grands fleuves : Nil, Congo, Gange, Yangzi (ou Changjiang), Amazone, Mississippi.
- Les isthmes de Suez et de Panamá, le détroit de Gibraltar.

Population, États et villes d…

un point rouge représente 500 000 habitants

agglomérations de 8 à 15 millions d'habitants

Repères à connaître

- Les foyers de très fortes densités humaines, les m…
- Les États du Maghreb, l'Égypte, l'Union indienne, l… le Mexique, le Brésil.
- Le Caire, Pékin (Beijing), Shanghai, Mumbai (Bomb… São Paulo, Mexico.

3e : LE XXe SIÈCLE

10 ans

1917
Révolutions russes

11 novembre 1918
Armistice

1929
Collectivisation des terres en URSS

1936
Lois sociales du Front populaire

Septembre 1939
Invasion de la Pologne

18 juin 1940
Appel du général de Gaulle

1944
Droit de vote des femmes

1947
Indépendance de l'Inde

1947
Plan Marshall

1957
Traité de Rome
Fondation de la CEE (Communauté économique européenne).

1958-1969
Les années de Gaulle

1870-1940 – IIIe RÉPUBLIQUE

1947-1958 – IVe RÉP.

1950

...e
... la rage

Août 1914
Début de la Première Guerre mondiale

Janvier 1933
Hitler, chancelier

1935
Lois de Nuremberg

1936-1938
Grands procès de Moscou et « la Grande Terreur »

8 mai 1945
Capitulation allemande

Août 1945
Hiroshima

1945
Sécurité sociale

1948
Déclaration universelle des droits de l'homme

1949
République populaire de Chine

1954-1962
Guerre d'Algérie

…frique, d'Amérique et d'Asie

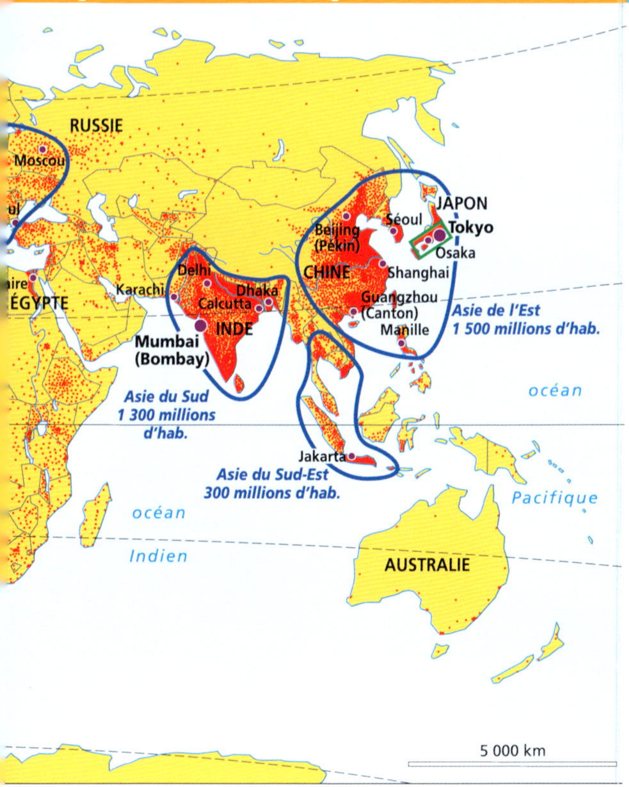

…lomérations de plus 15 millions d'habitants — principaux foyers de population — mégalopole

…lopoles américaines et japonaises.

…hine, le Japon, les États-Unis, le Canada,

…), Calcutta, Tokyo, New York, Los Angeles,

L'E…

États membres de l'Union européenne

capitales des États de l'UE

autres États européens

capitales des autres États

pays ayant quitté l'Union européenne en 2020, suite au Brexit

1 CROATIE
2 BOSNIE-HERZÉGOVINE
3 SERBIE
4 MONTÉNÉGRO
5 MACÉDOINE

500 km

Repères à connaître

- Les mers principales : Méditerranée, mer du Nord, mer Noire, mer Baltique.
- Les grands fleuves : Volga, Danube, Rhin.

4e : L'ÉPOQUE MODERNE ET LE XIXe SIÈCLE

50 ans

rthélemy
des protestants
tholiques à Paris.

1661-1715
Règne personnel de Louis XIV
(Versailles)

Milieu du XVIIIe siècle
L'Encyclopédie

1804-1815
Premier Empire
(Napoléon Ier)

1815-1848
Monarchie constitutionnelle
Louis XVIII,
Charles X,
Louis-Philippe.

1848-1852
IIe République
(suffrage universel – abolition de l'esclavage)

1852-1870
Second Empire
(Napoléon III)

1650 — 1700 — 1750 — 1800 — 1850 — 1900

ècle
nes protestantes
, Calvin)

1685
Révocation de l'édit de Nantes
Interdiction du protestantisme en France.

Seconde moitié du XVIIIe siècle
Machine à vapeur (James Watt)
Début de l'âge industriel

1789
Prise de la Bastille
Déclaration des droits de l'homme et du citoyen

1792
Proclamation de la République

1814-1815
Congrès de Vienne
Les puissances victorieuses de Napoléon définissent les nouvelles frontières de l'Europe.

1871
La Commune

1898
Affai
Drey

1885
Pasteur déc
le vaccin c

- Les États de l'Europe.
- Les États de l'Union européenne et leur capitale.

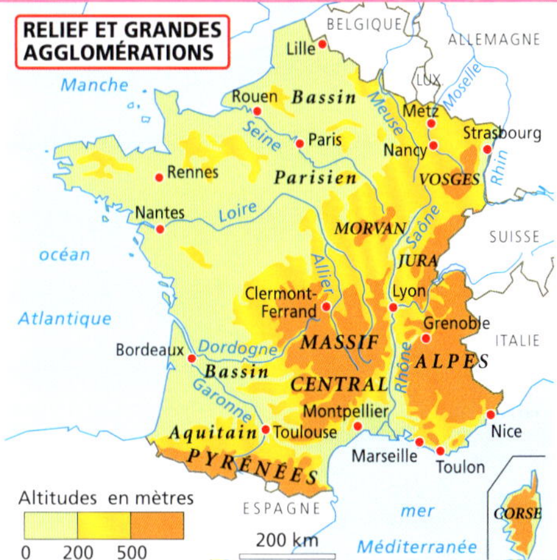

Repères à connaître

- Les fleuves : Garonne, Loire, Rhône, Rhin, Seine.
- Les montagnes : Alpes, Jura, Massif central, Pyrénées, Vosges.

5e : LE MOYEN ÂGE

100 ans

ve siècle av. J.-C.
Apogée d'Athènes
(Périclès, le Parthénon)

ble
aël
ux.

Vers 600 av. J.-C.
ndation de Marseille par les Phocéens

IIIe siècle av. J.-C.
Archimède

52 av. J.-C.
Victoire de César sur Vercingétorix à Alésia

Ier siècle ap. J.-C.
Début du christianisme

IIe siècle ap. J.-C.
Apogée de l'Empire romain

ve siècle ap. J.-C.
Dislocation de l'Empire romain

496
Baptême de Clovis

622
L'Hégire
Début de l'ère musulmane : Mahomet quitte La Mecque pour Médine.

800
Couronnement de Charlemagne

987
Avènement d'Hugues Capet

1214
Bataille de Bouvines
Victoire des Français contre l'Angleterre, l'Empire romain germanique et la Flandre.

XIIIe siècle
Louis IX (Saint Louis)
Le temps des cathédrales.

Milieu du XVe siècle
Naissance de l'imprimerie en Occident
(Bible de Gutenberg)

1453
Chute de Constantinople

1492
Prise de Grenade

1492
Découverte de l'Amérique

1572
Saint
Mass
par l

X
R
(

0 500 1000 1500